정원에서
길을
물었다

일러두기 ─────────────────────────────

1. 96페이지 사진은 저작권자 '스타니슬라프 쿠즈네초'께, 160페이지 사진은 저작권자인 '영국왕립원예협회(Royal Horticultural Society)'에 사용 허락받았습니다. 이 외의 모든 사진은 저자의 사진입니다.

2. 뉴욕식물원은 계절마다 다양한 전시회가 개최되는데, Orchid Show, Kiku Show는 '전시회'로, Holiday Trian Show는 '쇼'로 표기했습니다.

3. 뉴욕식물원(The New York Botanical Garden, The NYBG)에 대한 자세한 정보는 누리집(www.nybg.org)을 확인하시면 됩니다.

정원에서 길을 물었다

초판 1쇄 발행 2024년 9월 27일

지은이 이성희
펴낸이 이재원

펴낸곳 선율
출판등록 2015년 2월 9일 제 2015-000003호
주소 경기도 구리시 동구릉로 148번길 15
전자우편 1005melody@naver.com
전화 070-4799-3024   팩스 0303-3442-3024
인쇄 · 제본 성광인쇄

ⓒ 이성희, 2024

ISBN 979-11-88887-25-5   03230

값 18,000원

뉴욕식물원 가드너의
식물과 영성 이야기

정원에서
길을
물었다

이성희 지음

신울

한국의 정원사들이 함께 공부하는 모임이 있었다. 릭 다크Rick Darke가 저술한 『American Woodland Garden미국 숲 정원』이라는 책을 번역하고 해설하는 모임이었다. 이것이 저자와 내가 처음 만나게 된 계기였다. 저자는 책에서 비중 있게 소개한 북미 동부 숲의 식생에 익숙했기 때문에 우리는 그 지역의 전반적인 숲 생태를 이해하는 데 큰 도움을 받았다. 낯선 땅에서 기존의 전공과 무관한 새로운 분야를 공부하고 불과 몇 년 만에 수천 종의 식물 분류와 생태 그리고 원예적 지식을 갖추고 정원의 식물들을 관리하는 일은 도전과 모험의 연속임을 잘 알고 있다. 무엇보다도 놀라운 것은 그의 새로운 직업이 그의 인생의 큰 주축을 이루고 있는 종교인으로서의 삶에 깊은 울림을 주었다는 것이다. 자연을 통해 바라보는 교회에 대한 진솔한 회고와 성찰은 그의 표현대로 순례자의 길과 다름없어 보였다. 일상의 언어로 쉽게 풀어냈지만 결코 가볍지 않은 메시지들이 순간순간 가슴을 울린다. 깊은 사색과 성찰이 정원 이야기 곳곳에 겨울눈처럼 웅크리고 있다가 어느 순간 꽃을 피우고 열매를 맺으며 독자들을 맞이한다. 정원 이야기이면서 동시에 교회 이야기이고 더 나아가 모든 삶의 이야기이다. 책을 읽는 동안 정원과 함께 지내온 나의 삶도 순례자의 마음과 크게 다르지 않음을 느꼈다. 그리고 정원의 길을 걷는 많은 이들과 함께 자연의 흐름 안으로 들어가 나를 비우고 고요히 그 거대한 순환의 체계를 호기심 어린 눈으로 다시 들여다보고 싶었다. 그 시간이 누군가에게는 깨달음으로 혹은 영감으로 혹은 자비와 사랑으로 다가올 것을 기대한다.

김봉찬 대표 | 더가든

믿음은 잃지 않았으나 오래전 교회를 떠난 크리스천으로서 이성희 정원사의 글을 읽으며 문득 정원이 곧 나의 예배당이라는 깨달음이 왔습니다. 교회를 떠남과 동시에 망설임 없이, 거의 무의식적으로 조경의 길을 택하고 평생을 탐한 까닭이 그의 글을 통해 뒤늦게 이해됩니다. 이성희 정원사와의 만남은 놀라움의 연속입니다. 어느 날, 뉴욕 식물원 정원사로 일한다는 분이 필자의 식물적용학 온라인 강좌에 등록했습니다. 이름만 보고 당연히 여성이라고 여겼습니다. 그런데 수료증에 넣을 사진을 보내왔을 때 비로소 멋진 남성임을 알고 얼마나 놀랐는지 모릅니다. 정원사는 육체적으로 고된 작업을 합니다. 일 끝나면 쓰러져 잠들기 바쁜데 한 번도 강의를 놓치지 않는 그의 성실함에 놀라고 감탄했습니다.

그의 글을 읽으며 그 깊은 통찰력에 놀라고 쉼 없이 갈고 닦아 거의 투명해진 그의 영혼에 감동합니다. 정원에서 자연과 식물을 탐구하는 즐거움이 곧 구도의 열망을 낳는다는 이성희 정원사의 말을 새겨봅니다. 이제 그의 책에서 정원의 길을 가는 사람과 신앙의 길을 가는 사람이 서로 만나 손을 잡고 여정을 함께 할 수 있게 되었습니다. 가슴 두근거리는 일입니다.

고정희 대표 | 3. SPACE BERLIN 환경아카데미

나는 그가 자연을 말할 때 세상으로 읽었고, 정원을 말할 때 교회로 들었고, 풀과 나무를 말할 때 사람으로 보였다. 그가 이끼를 말할 때 예수로 들렸고, 이름 없고 목소리 없고 언어도 없는 이들을 말하는 것 같았고, 어느 대목은 그냥 다 내 얘기로 들렸다. 그들의 아픔과 외로움과 고독과 견딤의 사연들을 들었고, 어우러짐과 기댐과 안음과 환대와 기다림으로 조율하고 빚어낸 그들만의 호흡과 질서와 리듬을 느꼈다. 그들에게도 인생이 있고, 희노애락이 있고, 생로병사가 있고, 구원이 있고, 소망이 있고, 사랑이 있더라. 말로는 다 못 할 신비가 있고, 찬란한 축제가 있고, 짧은 축제 뒤에 남은 긴 잊힘과 사멸, 침묵과 여백이 있더라. 이제 나는 이 책을 읽

기 전과 같은 마음으로 식물을 대할 수 없다. 어제처럼 숲에 갈 수 없다. 내가 겪는 것을 그들도 겪고 있었고, 내가 중얼거리던 얘기를 다 알아듣고 있었고, 내가 부른 노래를 따라 부르고 있었다는 것을 알았으니, 같은 마음으로 갈 수 없다. 더 친절하게 더 솔직하게 더 친근하게 더 가까이 갈 것 같다. 기도하듯 말을 건넬 것 같다. 아무 대꾸 안 해도 그들 사이를 거니는 것만으로 내 마음 개운해지게 하는 과묵한 상담가를 만난 것 같다. 좀 나이 지긋한 나무에 기대어 읽으면 좋을 책이다. 멀리 산이 보이고 눈앞에 꽃이 좀 보이는 곳에 앉아서 읽으면 더 맛이 날 책이다. 낙엽을 밟고 퇴근한 후에도 좋겠고, 나목의 쓸쓸함이 저리도록 다가올 때 한 번 더 꺼내 봐도 좋겠다. 유독 사람들이 만든 것들 속에서 사는 게 고달픈 날이면 '여기 좀 보세요'라고 말을 걸어줄 것 같은 책이다.

박대영 목사 | 광주소명교회

70년대 이후 급격한 경제성장과 더불어 동반 성장한 한국교회는 현재 한국 사회가 겪고 있는 병증을 고스란히 공유하며 황폐화 되고 있다. 파릇하고 멋진 잔디 정원이 실은 환경파괴를 일으키는 '초록 콘크리트'라 불리듯, 밤하늘을 비추는 붉은 네온 십자가가 상징하는 한국교회는 '붉은 콘크리트'에 비유할 수 있겠다. 성희 형제는 외모와 내면까지 모두 수도사를 닮은 정원가다. 불혹의 나

7

이에 안전하고 익숙한 대형교회와 대기업을 떠나 정원가로 살아가며 자연주의 정원에 숨겨진 창조의 순리와 리듬을 발견하며 영적 지혜를 가꾸어 간다. 이 책은 실제 정원과 영적 정원의 이야기가 각 장마다 조화롭게 펼쳐진다. 전문적인 정원가로서 그가 설명하는 자연주의 정원의 역동적인 이야기가 재미있다. 더불어 그가 모험의 여정에서 거두어 담은 12가지 성찰은 한국교회 안팎에서 길을 찾는 많은 구도자들에게 귀중한 안내서가 되어줄 것이다. 몸과 마음이 아픈 사람들이 정원을 걸으며 회복을 경험하듯 세상에 상처받고 교회에 지친 사람들이 성희 형제의 아름다운 글과 지혜를 통해 영혼의 안식을 누리길 소망한다.

이남정 목사 | 바람빛교회

교회를 향한 비난이 팽배한 시대이지만, 세상을 향하는 교회의 열정을 따라올 다른 공동체를 찾기도 어렵다. 문제는 교회가 어마어마한 그 에너지를 어느 방향으로, 어떻게 흘려보낼지 모른다는 데 있다. 교회는 의지나 감수성이 없는 것이 아니라, 그에 걸맞은 언어를 잃어버렸거나 찾지 못하고 있다. 매달 이성희 가드너의 글을 읽으며, 그 언어 속에서 "주 하나님 지으신 모든 세계"에 푹 잠기는 경험을 했다. 숲속의 지저귀는 새소리, 고요하게 흐르는 시냇물이 건네는 그 이야기는 "주님의 솜씨를 노래"하는 듯했다. 그러니

이 책은 주 하나님 지으신 모든 세계를 지키기 위해, 잃어버린 언어를 찾아 나선 가드너의 모험기이다.

이범진 편집장 | 월간 『복음과상황』

저자와는 함께 글을 쓰며 알게 된 사이다. 그가 써낸 첫 글이 내겐 아직도 생생한데, 어린 시절 뛰어놀던 모래 여울의 아름다운 풍경과 그 땅을 지키지 못하고 떠나온 부채감이 묘하게 어우러진 아름다운 글이었다. 그 뒤 정원 공부를 함께 한 1년여의 시간과 그의 삶만큼이나 묵직하게 엮인 원고를 다 읽어낸 지금에서야 그가 썼던 '부채감'이란 단어를 새롭게 이해하게 된다. 영혼의 절망에서 시작된 새로운 순례길은 이성희를 자신이 사랑한 두 생태계정원과교회를 연결하고 조명하는 저자의 자리로 이끌었다. "정원사의 역할은 손상된 관계를 회복하는 것이고 피조 세계의 삶을 윤택하게 돕는 것"이라는 그의 고백은 우리로 하여금 한 번도 연결 지어 본 적 없는 '정원'과 '교회'를 새로운 시각으로 바라보게 한다. 정원과 교회가 어떻게 같은 섭리와 질서 아래 연결되는지, 두 세계를 넘나드는 우리는 무엇을 어떻게 회복해야 할지 밀도 있게 써 내려간 그의 글은 삶이 건넨 질문과 통찰이 녹아든 순도 높은 순례기이다. 초보 정원사이자 모태 신앙인인 나는 타인의 화려한 정원 앞에서 어지럼증을 느낄 때마다, 내가 속한 교회공동체에서 멀미를 느낄 때마다 이 글을 다시 읽으려 한다. 뿌연 시야로 혼란스러워하는 친구를 만날 때마다 이 책을 함께 읽으며 정원을 거닐자고 권해보려 한다.

이설아 작가 | 글쓰기 공동체 '다정한 우주' 안내자

"나는 정원을 문명과 자연의 경계라고 정의해왔다." 본문의 한 문장이 이 책의 가치를 보여준다. 경계 양쪽에서 당기는 힘이 만드는 긴장과 모호함으로 인해서 새로운 생명과 생태 시스템이 자라나는데, 이 중간 지대로 인해서 양쪽 모두 살 수 있게 된다. 어느 한쪽의 논리도 지배할 수 없는 이 미지와 신비의 영역이, 우리가 가꾸는 작은 정원에서 시작됨은 신비가 아닌가? 저자는 이 경계의 일상과 성찰을 교회와 연결시키고 있다. 교회야말로 경계에서 있다. 신성과 인성이 만나며, 하늘과 땅이 연결되고, 미래의 완성과 현재의 미완이 만나는 애매모호함이 교회 안에 있다. 이 긴장과 모호함은 제거와 극복의 대상이 아니라, 함께 지나가야 하는 과정이며 인내Resilience이며, 동시에 기쁨이다. 어쩌면 지금 교회의 쇠락은 이런 경계의 긴장과 모호함을 인내하는 대신 종교적인 게토에 스스로를 가두고 세상을 배제했기 때문이 아닐까? 책의 목차만으로도 과거에는 시도되거나 성찰해보지 못한 귀한 가치들로 가득하다. 환대, 빛, 공유, 공감, 경계, 인내, 지역, 연결, 모두, 대지,

파송, 겨울. 정원의 아름다움에서 진행되는 이 깊은 성찰을 조금씩 조금씩 읽어보자. 그리고 저자의 제안대로, 이제 다시 이 경계선 속에 손을 담그자. Get involved.

조샘 선교사 | 인터서브

차례

추천사   4

프롤로그   나의 수목원, 나의 수도원   14

환대의 정원   당신이 필요합니다   36

두 정원 이야기 41 · 정원에서 길을 잃다 46
정원에서 길을 찾다 49 · 하나됨의 완전성 51

빛의 정원   빛을 포용한 정원 같은 교회   54

빛이 있으라 57 · 창조의 역동성 61
나는 세상의 빛이니 65 · 너희는 세상의 빛이라 69

공유의 정원   상실한 낙원을 회복하는 연습   74

소유의 정원 79 · 공유의 정원 84 · 향유의 정원 90

공감의 정원   우는 사람들 사이에 겸허히 자리 잡기   94

각자의 언어 97 · 슬픔도 품은 아름다움 99
공감의 언어 108

경계의 정원   Revival, Restoration, Resilience, Reconciliation   112

숲 정원의 부상 116 · 경계의 정원 121
경계의 교회 126 · 프로젝트 R 130

인내의 정원   창조주가 지으신 그대로   132

뜨거운 지구, 목마른 정원 134
희망의 언어가 된 정원 139 · 인내의 정원 143
뿌리 깊은 교회 147

지역의 정원   기억하고, 드러내고, 품고, 치유한다   150

난 곳 식물로 155 · 좋은 정원은 지역이 결정한다 157
좋은 교회도 지역이 정의한다 164

연결의 정원   Get Involved   168

네 발을 담그라 170 · 땅의 저주 175 · 땅의 회복 179
연결과 연대 182 · 교회라는 네트워크 185

모두의 정원   나비 한 마리를 대접할 수 있는 교회   188

자연을 위한 정원 191 · 사람을 위한 정원 198
사회를 위한 정원 204 · 만물을 위한 정원 209

대지의 정원   미생의 향연, 대지의 식물들   212

대지와 대기의 경계에서 217 · 대지의 식물 222
대지의 교회 230

파송의 정원   흩어져서 더 멀리   236

노박덩굴 이야기 238 · 정원을 탈출한 식물들 243
세 교회 이야기 246 · 거센 바람 때문에 250
바벨탑과 다락방 254

겨울 정원   신이 침묵할 때, 마음이 가난할 때, 고뇌가 가득할 때   258

직면의 계절 260 · 공존의 계절 265 · 생명의 계절 267
안식의 계절 274

에필로그   나의 정원, 나의 성소   280

감사의 글   300

미주   303

나의 수목원, 나의 수도원

나는 정원사다. 2018년부터 미국 동부 뉴욕식물원에서 일하고 있다. 이전 경력은 정원이나 식물과는 거리가 멀다. 경영학을 전공한 후 15년 정도 IT 회사 몇 곳에서 근무했다. 미국으로 건너와 마흔다섯에 학부 과정에 편입했다. 두 바퀴 띠동갑 친구들, 조카보다 어린 학생들과 어울리며 조경개발과 식물과학 두 전공을 마쳤다. 미국에서 정원가로 자리를 잡기까지 겪은 여정 속에서 그동안의 신앙생활을, 특히 교회와 관련한 경험과 생각들을 자주 복기하게 되었다. 새로운 진로를 찾아 떠났던 모험은 참된 교회를 찾아 헤맸던 구도의 길과 새끼줄처럼 엮여있었다. 순례는 지금도 현재진행형이다.

한국은 정원의 빅뱅 시대를 맞고 있다. 최근 몇 년간 서울식물원을 비롯해 대규모 국립 수목원 두 곳이 새로 문을 열었고, 2015년 민간정원 제도가 도입된 지 8년 만에 100번째 정원이 주무관청에 등록됐다. 언제부터인가 지역 축제는 정원 관런 축제로 모습을 바꿨고, 지방 자치 단체마다 경쟁적으로 정원을 조성하고 있다. 이러한 흐름의 기폭제 역할을 한 것은 2013년에 열린 순천만국제정원박람회였다. 행사 후 순천만 일대 정원은 제1호 국가 정원으로 지정되었고, 산업도시 울산 태화강 일원이 생태 복원의 상징이 되면서 두 번째 국가 정원으로 등록되었다. 세계 조경계의 슈퍼스타로 알려진 네덜란드 자연주의 조경 디자이너 피트 아우돌프Piet Oudolf가 태화강에 정원을 조성했는데, 이는 우리나라 정원 역사에 매우 의미심장한 사건으로 평가받고 있다. 국내 1세대 조경가로 알려진 정영선의 작품과 철학을 담은 다큐멘터리가 CGV와 메가박스를 비롯한 수많은 극장에서 상영되어 두 달 만에 누적 관객 만 명을 돌파했다. 조경 관련 다큐멘터리로서는 이례적인 일이다. 국립현대미술관에서는 같은 소재로 특별전을 열었다. 조경을 소재로 전시회가 열린 것은 개원 이래 처음 있는 일이다. 영국과 미국의 저명한 교육기관에서 훈련받은 정원가들이 국내의 조경 회사와 공공 정원, 수목원과 식물원에서 활동하면서 정원디자인과 프로그램이 다채로워졌다. 거기서 파생된 다양한 저작물들이 정원 산업과 문화의 확산을 촉진했다. 한국 정원의 메카로 부상한 제주의 지역 방송국은 정원을 주제로 한 정규 프로그램을 편성했고, 구독자 10만 명 이상의 정원 유튜브 채널들이 속

속 등장했다. 그야말로 정원의 대부흥기를 맞이하고 있다.

교회는 그 반대의 길을 가고 있다. 교회의 실패와 관련한 수많은 통계와 언론 보도들을 들출 것도 없이, 어느 학자의 말을 인용하면 '제도 교회는 죽었다'. 속이 후련한 표현이다. 간판은 교회인데 교회다움을 찾아보기 어려운 교회가 얼마나 많은가. 그래서인지 종교가 아닌 영성에 주목하자는 주장이 설득력 있게 들린다. 영성을 어떻게 정의하든 제도화된 종교보다는 복음의 본질과 가치를 담아내기에 더 적합한 개념이라는 생각이 들었다. 이상한 일이다. 교회와 정원의 성장곡선이 반대 방향으로 흘러가는 것도 아이러니하지만, 영성이라는 말이 교회보다 정원에 더 잘 어울린다는 사실이 당혹스럽다. 최초의 인류가 정원사임을 암시하는 종교가 왜 이런 모순을 겪고 있을까? 어디서부터 잘못되었을까? 이렇듯 엇갈린 길을 가는 듯한 정원과 교회에 양다리를 걸치고 있으면서, 나는 두 개의 짐을 짊어지게 되었다. "사랑의 짐과 고민의 짐", 필립 얀시Philip Yancey가 쓴 『교회, 나의 고민 나의 사랑』의 표현을 빌리자면 말이다. 정원과 교회를 통해 유익을 많이 누려왔는데, 유익을 갚기 위해 내가 짊어진 짐은 이 두 가지 물음이다. 좋은 정원은 어떤 정원인가? 좋은 교회는 어떤 교회인가? 답이 있는지 없는지도 모르는 물음들과 씨름할 수 있는 절호의 기회가 왔으니 바로 수목원에서 보낸 100일의 시간이었다.

길 위의 예배　　　미국으로 건너온 후 3년째인 2018년
가을, 뉴욕 주립대 코블스킬SUNY Cobleskill에서 식물학과 조경
개발을 공부하기 시작했는데, 졸업 요건 중 하나가 인턴십 600
시간이었다. 마지막 학기를 인턴으로 보내야 했다. 애초 계획
은 지도교수 조언대로 조경 설계 사무소에서 자리를 알아보는
것이었다. 그러나 코로나 여파가 뉴욕은 물론 세계를 강타하
던 시절에 근처에서 인턴을 채용하는 설계 회사는 없었다. 하
는 수 없이 지원 범위를 공공 정원으로 확대하고, 집에서 먼 곳
도 알아보던 중, 뉴욕 롱아일랜드 한 수목원의 채용공고를 보
게 되었다. 인턴이 아니라 큐레이터를 채용한다는 내용이었다.
큐레이터는 식물원이나 수목원 내의 모든 정원과 식물을 관리
하는 직책이다. 무급 인턴이라도 좋으니 열심히 하겠다는 절
박한 심정을 담아 채용공고에 있는 연락처로 자기소개서와 이
력서를 보냈고, 화상 인터뷰를 거친 후 인턴으로 채용 되었다.
롱아일랜드의 수목원은 그림처럼 아름다운 곳이었다. 장원莊
園이라 부르는, 정원과 농장 그리고 숲이 딸린 영국식 대저택
으로 1920년대에 지금 모습으로 조성되었다. 당시 철도 회사

와 보험회사를 소유한 대부호였던 영국 출신 코^{Coe} 가문이 살던 곳인데, 1943년 뉴욕주에 부지를 기증하여 주립공원이 되었다. 미국 조경의 아버지라 불리는 프레드릭 옴스테드^{Frederick} $^{L. Olmsted}$의 조경 회사를 이어받은 옴스테드 형제가 정원 조성에 깊이 관여했던 곳이다. 부지면적은 165만 제곱미터, 약 50만 평이다. 숙소는 수목원 부속 건물 중 하나로 한때 대학 기숙사로 쓰이기도 했었다. 20여 개의 방과 커다란 세미나실, 주방과 화장실 등을 갖추었다. 코로나 관련 규정상 두 명 이상 수용할 수 없었기에 커다란 건물에서 혼자 지냈다.

평일에는 수목원에 속한 여러 정원을 돌며 조경 인턴으로 일하고 주말마다 집에 다녀왔다. 집까지 차로 네 시간이 걸렸다. 인턴 기간 매주 그 길을 왕복했다. 두 시간 동안 롱아일랜드와 뉴욕시의 혼잡한 도로를 헤쳐 나오면 나머지 두 시간은 한적한 산길이다. 나의 미국 생활에 깊숙하게 들어온 길, 뉴욕의 주도 알바니와 뉴욕시를 잇는 '타코닉 파크웨이'이다. 겨울에서 봄으로 접어드는 허드슨 밸리의 강산은 아름다웠다. 매주 숲의 색이 바뀌었다. 그 길은 내 예배처가 되었다. 산길을 달리며 찬양하고 기도드렸다. 교회에서 늘 그랬듯이 음치라서 소리를 낮출 필요도 없었고, 옆 사람을 의식해 작은 소리로 기도할 필요도 없었다. 운전에 집중하느라 제약이 많았지만, 예배자로

필자가 인턴으로 근무했던 플랜팅필드 수목원의 안채인 코홀(Coe Hall), 주립공원으로
지정되어 계절마다 많은 방문객을 맞고 있다.

서는 참으로 자유로운 시간이었다. 예배를 비롯한 모든 모임이 온라인으로 바뀌거나 폐지되었던, 참으로 당혹스러운 시기였는데, 나는 어떤 면에서는 황금기를 보내고 있다고 느꼈다. 십 년 치 밀린 수련회를 참석하는 기분이었다. 젖은 장작처럼 눅눅해진 영혼이 새로워지는 경험이었다.

출석하던 교회에서는 미디어팀으로 봉사하고 있었다. 담임 목회자를 포함해 필수 인원 대여섯 명 중 일원으로 예배를 생중계하기 위해 매주 예배당에 갔다. 송출되는 영상과 음향을 따라 예배의 흐름에 영혼을 태웠다. 텅 빈 예배당이 충만해지는 것 같았다. 당시 온라인 예배가 진정한 예배인가를 둘러싼 논란이 한창이었는데, 그마저도 본질을 비껴간 언쟁으로 느껴졌다. 평일의 뜨거움이 주일을 달구었다. 예배자로 행복했던 시간이었다.

처음 경험했던 길 위의 예배는 약 30년 전으로 거슬러 올라간다. 서울에서 대학 생활을 하게 되면서 처음으로 집을 떠났다. 하지만 고향 교회를 떠날 준비가 안 되었고 빚진 마음도 있고 해서, 중고등부 교사로 1년 봉사하기로 했다. 주말마다 고향으로 내려가는 시외버스 안에서 공과 교재 『말씀과 삶』을 예습하기도 하고, 잠에 빠지기도 했다. 우두커니 창밖을 바라보는 것이 좋았다. 서울에서 청주로 향하는 중부고속도로는 산과 강을 많이 통과했다. 통유리 창을 통해 아름다운 풍경들이 다큐멘터리처럼 시야에 들어왔다. 한 달 두 달, 시간이 지나면서 미묘한 계절의 변화가 감지되었다. 갈색 풍경이 연둣빛으로 변하는가 싶더니 꽃 잔치가 벌어졌다. 검정에 가깝도록 짙어진 초록은 이내 현란한 가을 단풍으로 변했다. 하나님께서 창밖 풍경을 통해 작은 수고를 기뻐하신다는 메시지를 전하시는 듯했다. 큰 위로를 받았다. 사계절 풍경이 나의 시선과 심정에 쌓이는 동안, 나는 그것을 지으신 분과 나 사이에 어떤 관계가 형성되고 있다는 사실을 깨달았다. 세례는 일찌감치 받았지만, 인격적 관계라는 것이 형성된 시간은 청주행 버스 안, 어쩌면 길위에서였는지도 모른다.

길 위의 예배가 이어진 것은 미국에 건너온 지 3년째 되던해, 이곳에서 식물과 조경을 공부하면서부터다. 학교는 집에서차로 한 시간 거리였다. 안갯길, 빗길, 눈길, 맑은 날, 흐린 날, 바람 부는 날, 봄날, 가을날… 같은 날이 하루도 없었다. 그때읽고 있던 『오늘이라는 예배』를 따라 오늘은 오늘의 예배를 드려야겠다고 생각했다. 그리고 길 위에서 기도했다. 영어 스트레스, 코로나로 칩거 중인 사춘기 자녀들, 학교생활과 이후 진로에 대한 긴장과 염려와 두려움… 그 짐들을 길 위에서 내려놓을 수 있었다. 그렇게 짐을 버리고 길을 물었다. 응답 대신 풍경들이 눈에 들어오기 시작했다. 어떤 이유로 미국까지 왔든지 하나님께서는 지금 우리가 밟고 사는 땅의 식생을 알기 원하신다고 생각했다. 그때까지 내가 이해하던 정원은 화단이었다. 그런데 뉴욕 동부의 산과 들, 강과 계곡, 농가와 목초지, 철길과 도로를 지나면서 정원의 의미는 물리적 공간을 넘어 사람이 자연과 맺는 관계의 터전으로 확대되었다. 정원의 언어로 하나님 나라와 교회와 지역의 의미가 통합되는 시간이었다. 왜 춥고 낯선 뉴욕 북부의 땅과 식생에 정을 붙이게 하시는지 조금씩 이해할 수 있었다. 그 후로 나는 등굣길을 조경학 0교시라고 이름 붙였다. 약 3년의 학교생활 동안 내가 가장 사랑하던, 가장 유익했던 수업 시간이었다.

물 위의 예배

조경에 관심 갖기 시작한 것은 거기서 다루는 주제 중 하나가 생태 복원이라는 말을 들었기 때문이었다. 그 난해한 분야에 처음부터 관심 있지는 않았다. 계기가 있었다. 수년 전 4대강 사업이 시작되면서 나는 영혼이 절망하는 것을 느꼈다. 로마서 8장 표현대로 피조물의 신음과 탄식이 온몸으로 들리는 듯했다. 특히 유년 시절 가장 아름답고 행복했던 추억의 터전이었던 모래 여울이 사라지게 되니 하나님께 죄송했고 아이들에게 미안했다. 그 시절의 기억은 온통 강물에 관한 것이었다. 고향 마을 한가운데 작은 시내가 흘렀는데, 그 시내를 사이에 두고 "윗말"과 "아랫말"이 자리를 잡았다. 코흘리개 시절에 두 마을 아이들은 거기 모여 몸을 담그며 놀았다. 도시로 나간 후에도 방학마다 돌아와 버들치와 미꾸라지를 잡으며 시간 가는 줄 몰랐다. 모내기를 마친 후 아까시나무 꽃향기가 온 마을을 덮을 때면 마을 어른들은 경운기에 솥단지를 싣고는 고개 너머 큰 강이 흐르는 곳으로 천렵하러 다녔다. 모래 여울이 넓게 펼쳐진 그곳은 낙원이었다. 얕은 물이 흐르는 모래밭을 마구 뛰어다니는 것이 즐거웠고, 모래를 파내 조개를 잡는 일도 신이 났다. 발가락 사이로 모래가 간질간질 흐르는 느낌을 즐겼다. 그러다가 숨어있던 모래무지를 밟아 화들짝 놀라기 일쑤였다.

4대강 사업이 지류로 확산 되며 경북 영주 내성천에 댐이 건설된다는 소식이 들렸다. 물과 모래가 함께 흐르는 아름다운 내성천이 사라질 판이었다. 우리 가족은 "내성천에 물과 모래가 흐르게 해주세요"라고 적힌 커다란 현수막을 제작해 내성천 탐사 여행을 떠났다. 낙동강이 보이는 안동 부용대를 시작으로, 강의 제1지류인 내성천 물길을 따라 올라갔다. 아이들은 모래 여울에서 정말로 즐겁게 보냈다. 넓고 맑은 모래 여울에

첫번째 물 위의 예배가 드려진 내성천 무섬마을에서 현수막을 펼쳤다. 왜 예배가 시위 (示威)를 동반해야 하는가.

서 뛰노는 아이들이 행복해 보였다. 약간의 부채 의식을 해소할 수 있었다.

몇 년 후 우리 가족은 두 번째 물 위의 예배를 드렸다. 세계에 두 곳밖에 없는 오랑우탄들의 서식지, 야자 기름 농장을 개간하느라 열대우림이 사라지고 있는 아픔의 땅, 보르네오섬이었다. 우리가 여행한 지역은 도로보다 뱃길이 더 발달해있었다. 선장과 요리사를 포함해 네 명의 선원이 딸린 배를 빌렸다. 3박 4일간 물줄기를 따라 보르네오섬을 여행하면서 세 곳의 오랑우탄 보호구역을 돌아보았다. 강 위에서 드리는 예배로 여행을 시작했다. 〈주 하나님 지으신 모든 세계〉를 노래하고 로마서 8장 말씀을 읽었다.

"그것은 피조물도 썩어짐의 굴레에서 해방되어 하나님의 자녀가 누리는 영광스러운 자유에 참여하리라는 소망입니다. 우리는 모든 피조물이 이제까지 신음하고 해산의 고통을 겪고 있다는 것을 압니다. 피조물만 아니라 성령의 첫 열매를 받은 우리들 자신도 속으로 신음하며 우리가 하나님의 자녀가 되는 것과 우리 몸이 구속될 것을 간절히 기다리고 있습니다." (로마서 8:21-23, 쉬운성경)

모래 여울에서만 사는 물고기 흰수마자가 사라진 내성천, 불에 덴 오랑우탄이 신음하는 보르네오섬은 아담과 하와가 떠나버린 에덴과도 같다. 두 곳 모두 무책임한 정치와 무자비한 자본이 파헤친 곳이다. 그런데 우리 가족은 그 아픔의 땅에서, 죄책감과 부채 의식 대신 하나님께서 자연을 통해 주시는 위로와 치유의 힘을 경험했다. 그 시간의 추억들이 회개와 회복의 의지를 새롭게 하라는 메시지처럼 여겨졌다.

보르네오 여행 당시 나는 두 아이를 데리고 인도네시아에 머무르고 있었다. 아이들을 자연주의 혁신학교로 알려진 발리 그린스쿨Green School 에 보내기 위해서였다. 거기 머무르는 동안 방학을 이용해 주변 섬들을 여행했다. 특히 보르네오섬은 선진국 자본들이 농장 개간을 위해 밀림을 파괴하면서 지역 공동체와 서식지가 유린당했고, 이 때문에 아이들이 다니던 학교에서도 중요한 학습 주제로 다루던 곳이었다. 섬에서 활동하는 여러 비영리단체가 학교에 방문해 강연을 했고, 학교는 강연 내용을 토대로 유치원부터 고등학생들에게 이르기까지 수준에 맞는 교육 프로그램을 개발해 활용했다. 유치원 아이들은 동물 보호를 주제로 그림을 그리거나 연극을 발표했고, 고학년 친구들은 비영리기구를 포함한 사회적기업을 설립하거나 운영하는 데 필요한 기금 모금, 프레젠테이션 등 필요한 과정들을 학습

했는데, 창의적 문제 해결 방법론인 디자인 사고Design Thinking 개념이 수업에 도입되었다. 학습이 교실에서만 이루어진 것은 아니었다. 학교가 운영하는 재활용센터는 미술, 수학, 과학 등 여러 과목의 숙제에 필요한 재료를 구하는 아이들로 늘 북적였고, 퇴비장에서 만든 거름으로는 텃밭을 가꾸었다. 튀김 요리가 많은 곳이었지만, 학교 조리실에서는 야자 기름을 사용하지 않았다.

아이들이 수업 받는 동안 나는 학교 카페에 앉아 다른 부모들과 대화하거나 앞으로의 진로를 탐구하는 것으로 대부분의 시간을 보냈다. 학생들 국적은 38개국에 걸쳐있었다. 어느 나라에서 왔든, 이 학교에 아이들을 보내기 위해 여기까지 왔다는 사실은 이미 학교 커뮤니티 안에 대단히 탄탄한 공동체성이 형성되어 있다는 것을 뜻한다. 지속가능성, 지역성, 공동체성 같은 주제들이 학교의 핵심 가치였고 아이들 교육과정뿐 아니라 학교에서의 일상에도 깊숙하게 녹아있었다. 그리스도의 십자가만 보태면 참으로 완벽한 곳일 거라는 생각마저 들었다. 같은 뜻을 품어서인지 영어는 서툴렀지만 한국보다 말이 잘 통했다. 그 학교에서 1년을 지내는 동안 아이들은 아이들대로 잊지 못할 추억을 쌓았고, 나는 인생 후반기를 그동안 교회가 놓친 많은 것들 중 하나 ─사람과 자연의 손상된 관계 회복을 위해 살아야겠다는 결심, 혹은 어떤 부르심– 를 자각했다. 그렇게 동화 같은 시간을 보내는 동안 간호사인 아내는 한국에서 열심히 일하며 생활비를 보내기도 했고, 친자매처럼 지내던 동생들과 깊은 대화를 나누며 의미 있는 시간을 채워나갔다. 발리에서 예정했던 기간이 절반쯤 지났을 때, 십여 년 전 접수했다 지연되었던 이민 수속이 재개되었다는 연락이 왔다. 그렇게 우리 가족은 미국으로 건너왔다.

나의 수목원, 나의 수도원

곳곳에 눈이 쌓여있던 3월 첫날 롱아일랜드의 수목원 숙소에 짐을 풀었다. 와이파이 신호는 있었으나 인터넷 서비스가 되지 않았다. 핸드폰 안테나의 막대기는 하나만 떴다. '줌'으로 수요예배에 참석하고 목요일에도 형제들과 성경 공부를 했는데 전파가 약해 곤욕을 치렀다. 핸드폰을 들고 강한 신호를 찾아 기숙사 건물을 헤매다가 세미나실 한쪽 구석에서 안테나 막대기 두 개가 뜨는 곳을 찾아냈다. 거기 자리를 잡고 예배와 성경 공부에 참여했다. 공포영화 배경으로 써도 좋을 만한 1920년대 건축물에서 수요일과 목요일 밤마다 나는 두 개의 안테나에 감사하며 더 간절해졌다. 어쩌면 예배자로서 처음으로 충분히 가난하고 겸손해질 수 있었던 시간이었다.

또 다른 도전은 삼시 세끼 해결이었다. 와이파이를 제외한 모든 것이 갖춰진 주방 덕분에 근근이 식사를 해결했다. 집에서 가져온 밑반찬과 음식도 도움이 되었지만, 차를 타고 30분 정도 나가면 교포뿐 아니라 많은 외국인에게 인기 있는 슈퍼마켓 H마트가 있었다. 공교롭게도 그 도시 이름이 제리코Jericho였다. 장을 보러 갈 때는 "여리고성을 지나 젖과 꿀이 흐르는 H마트로 간다"고 중얼거리곤 했다. 적막한 숙소에서 혼자 요리할 때마다 내게도 로렌스 형제Br. Lawrence의 영성이 있었으면 좋겠다고 생각했다.

평일에 업무가 끝나면 카메라를 들고 정원을 다녔다. 식물 식별은 정원사에게 구구단과도 같다. 식물마다 이름표가 달려있던 수목원만큼 식물 공부하기 좋은 곳은 없었다. 4월을 지나 5월로 접어들면서 꽃향기와 잎 색깔, 나무의 질감에 매료되었다. 한번 나갈 때마다 수백 장씩 찍어온 사진들을 밤늦도록 분류하면서 식물들 이름과 모양을 익혔다. 연구 과제로 미국의 자생난을 조사하게 되었는데, 수목원의 숲속에 자생하는 복주머니란의 일종이었다. 일반적으로 꽃이 분홍색이지만 아주 드물게 하얀색 변이가 생기는데 그걸 찾는 것이 디렉터의 주문이었다. 몇 차례 숲속을 뒤지면서 여러 곳의 자생난 군락을 발견

저자의 연구과제였던 미국 자생란(*Cypripedium acaule*). 개체수는 많으나 서식지는 매우 제한적이다. 복주머니란에 속한 식물로 우리나라의 천연기념물 광릉요강꽃(*C. japonicum*) 과 가까운 친척이다.

했다. 신비하고 아름다웠다. 논문 몇 편을 참고해 보고서를 쓰면서 꽃가루받이 곤충을 유인하기 위해 특이하게 진화된 꽃의 모양과 뿌리에서 이루어지는 곰팡이 균류와의 복잡한 공생 관계를 알게 되었다. 한 포기 복주머니란이 간직한 이 오묘한 창조의 언어를 어떻게 세상이 귀 기울일 만한 언어로 환원할 수 있을까. 교회는 언제부터 이 언어를 상실하게 되었을까.

탐구의 즐거움이 구도의 열망을 낳는 곳, 고독한 듯 분주한 곳, 형편없는 자아와 직면하고 새로운 하나님을 만나는 곳, 그리고 생명과 자연의 신비로 충만한 곳. 그 수목원은 나에게 수도원이었다. 놉의 제사장이 다윗에게 건넸던 그것을 나도 수목원에서 얻었다.

"제사장이 그 거룩한 떡을 주었으니 거기는 진설병 곧 여호와 앞에서 물려 낸 떡밖에 없었음이라 이 떡은 더운 떡을 드리는 날에 물려 낸 것이더라"(사무엘상 21:6)

"제사장이 이르되 네가 엘라 골짜기에서 죽인 블레셋 사람 골리앗의 칼이 보자기에 싸여 에봇 뒤에 있으니 네가 그것을 가지려거든 가지라 여기는 그것밖에 다른 것이 없느니라 하는지라 다윗이 이르되 그같은 것이 또 없나니 내게 주소서 하더

라"_(사무엘상 21:9)

　　말도 땅도 낯선 곳에서 사회로 진출할 채비를 차렸고, 뉴욕
식물원 문턱을 넘어 가드너로 일할 수 있는 기본기를 익혔다.
진정한 교회에 대한 탐구에 있어서는 여전히 구도자의 심정이
고, 소유와 과시의 수단으로 시작된 과거의 정원을 넘어, 공유
와 포용을 지향하는 정원이 어떤 것인지도 이제 막 탐구를 시
작한 참이다. 정원 분야에서 활발하게 일어나는 흐름 중 하나
인 자연주의 또는 생태주의 추세는, 교회가 공공성과 지역성을
회복하고자 하는 움직임과 본질적으로 같은 가치들을 추구한
다. 그것들이 무엇인지 앞으로 하나씩 나누고자 한다. 정원의
길과 교회의 길이라는 주제로 글감이 충분할까 염려하지 않는
다. 그보다, 그 접점에서 일어나는 다이내믹하고 깊은 통찰을
부족한 글로 어떻게 풀어낼 수 있을지 걱정한다. 새내기 정원
가로서, 참된 교회를 찾아 떠나는 평범한 성도로서, 이 여정을
고국의 나무를 사랑하는 성도들과 함께하고 싶다.

환대의 정원

당신이 필요합니다

겨우내 적막했던 식물원이 사람들로 붐비기 시작한다. 방문자 센터에 늘어선 줄은 점점 길어지고 주차장은 금세 만차가 된다. 아이들이 둘 셋 딸린 가족들도 단출한 커플들도 시절의 진경을 놓칠세라 분주하다. 혼자 식물원을 찾은 진지한 사진가들도 여럿이다. 사람들은 어느새 광활한 들판을 화사하게 수놓은 백만 송이 꽃 속으로 사라진다. 뉴욕식물원 수선화 언덕 Daffodil Hill의 봄날 풍경이다.

　수선화를 포함하여 대부분의 구근식물[1]들은 이른 봄에 꽃을 피운다. 햇빛을 두고 다른 식물과 경쟁하지 않아도 되는 계절이기 때문이다. 무성해진 나뭇잎이 짙은 그늘을 드리우기 전에 꽃을 피우고 씨앗을 내고 거기다 내년에 꽃을 피울 양분까지 비축해야 한다. 하루하루가 아쉽다. 그래서 냉기가 채 가시지 않은 흙을 뚫고 불쑥불쑥 꽃이 올라온다. 꽃이 지고 잎이 마르면 이듬해 봄까지 길고 깊은 잠에 빠져든다.

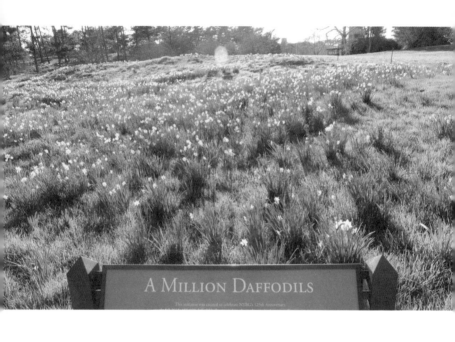

A MILLION DAFFODILS

This initiative was created to celebrate NYBG's 125th Anniversary.

4월과 6월의 뉴욕식물원 수선화 언덕.

뉴욕식물원 수선화 언덕에 펼쳐진 장관도 한 달을 넘기지 못한다. 꽃이 만발하던 수선화 언덕은 평범한 풀밭으로 변한다. 미국 동부의 주택이나 공원에서는 보통 이 시기에 잔디를 깎기 시작한다. 식물원 부지 관리는 '매니큐어 케어'라고 표현할 정도로 꼼꼼하다. 관행대로라면 5월 말의 수선화 언덕은 이미 삭발이 되어야 했다. 그런데 어찌 된 일인지 풀이 무릎 높이만큼 자라도록 기계를 대지 않는다.

내가 이 정원에서 희열을 느끼는 것은 이때부터다. 백만 송이 수선화가 너울대던 언덕은 잘 여문 풀씨로 덮인 황금 들판으로 바뀐다. 사람들로 분주하던 언덕은 이제 새들의 낙원이다. '사르르…' 바람결에 춤추는 이삭들의 속삭임 속에서 새소리가 넘쳐난다. 철 지난 수선화 언덕을 가로지르는 방문객들에게 새들의 군무는 낯설지만 경이롭다. 새들이 둥지를 틀고 다음 세대를 기르는 동안, 풀이 자력으로 씨를 흩어 더 짙고 푸른 초장을 만드는 동안, 인간은 몸이 근질근질한 기계를 거두고 잠시 멈춤에 들어간다. 새들이 떠날 준비를 마치고 풀씨가 다 날리면 그제야 코끼리만 한 예초기가 초장을 밀고 다닌다. 듬성듬성 바위가 솟아 기계가 닿지 못하는 구간은 정원사들 몫이다. 행여 뱀 가족을 칠까 새 둥지를 밟을까 노심초사한다. 뉴욕 도심 한가운데 방주 같은 이 언덕에서는 이렇게 사람과 자연이 공존을 훈련한다. '백만 송이 수선화'라는 의기양양한 팻말 대신 '새들이 사랑한 초원'이라고 써 붙이면 더 좋을 법한, 사람도 동물도 환대를 경험하는 6월의 이 언덕을 나는 사랑한다.

두 정원 이야기

스위스에 본사를 둔 고급가구 회사 비트라Vitra가 독일에 새로 생산단지를 건설했다. 가구 생산 시설에 무슨 아름다울 것이 있겠냐마는 그 안에 들어선 건축물의 면면은 화려하다. 콘퍼런스 빌딩은 안도 타다오安藤忠雄의 작품이며, 자체 소방서 건물은 자하 하디드Zaha Hadid가 설계했다. 프랭크 게리Frank Gehry는 가구 디자인 전시관을, 알바루 시자Alvaro Siza는 생산동을 맡았다. 세계 유명 건축가들의 경연장 같다. 정원도 들어섰다. 이런 곳에 꾸며진 정원이라면 건축물의 위용에 주눅 들지 않는 화려하고 웅장한 모습을 떠올리기 쉽지만, 뜻밖에도 초원을 연상시키는 자연스러운 공간이 빚어졌다. 이 정원은 자연주의 정원의 대가로 알려진 피트 아우돌프가 설계했고, 아우돌프 가든이라는 이름이 붙었다. 독일 베를린에서 활동하고 있는 조경연구가 고정희 박사는 이곳을 취재한 「디 차이트」 기사를 인용해 이 정원을 이렇게 설명했다.

뉴욕 맨하탄 도심을 통과하는 하이라인은 많은 나그네 뿐 아니라
야생동물의 안식처를 제공한다.

"아우돌프의 정원은 다른 건축물들과는 사뭇 다르다. 다른 건축물들은 스스로를 뽐내고 과시하고 있다. 그러나 아우돌프의 정원은 이들을 다 연결하고 수용한다. 자만심에 가득한 자하 하디드의 건축이나, 조용한 듯 단단하게 막혀 있는 안도 타다오의 건축도 아우돌프의 정원에 다 담긴다.[2]"

뉴욕 맨해튼 중심부를 세로로 관통하는 도시 정원 '하이라인The High Line'에서도 비슷한 일이 벌어지고 있다. 수십 년간 버려졌던 고가철도가 아름다운 정원으로 바뀐 후 이곳은 뉴욕에서 사람들이 가장 많이 찾는 장소 중 하나가 되었다. 2009년 첫 구역이 개방된 이래, 이 정원을 따라 주변 건물의 신축과 리모델링이 끊임없이 이어졌다. 한쪽에는 허드슨강이 맞은편에는 아름다운 정원이 펼쳐진 도심 속 공간을 누군들 탐내지 않을 수 있을까. 이 일대도 세계 유명 건축가들의 각축장이 되었다. 하이라인을 따라 걷다 보면 자하 하디드나 토머스 헤더윅Thomas Heatherwick과 같은 현대 건축가들 손을 거친 건축물은 물론 1800년대까지 거슬러 올라가는 유서 깊은 건물들이 시야에 들어온다. 맨해튼의 빌딩들이 높이와 디자인을 뽐내며 자신을 드러내는 동안 이 정원은 그것들을 품어내며 새로운 도시 풍경을 연출한다. 제각각 흩어진 건물들이 이 정원과 연결되면서 오히려 조화로운 모습을 보인다. 이곳에서는 과거와 현재가 공존하고 생활인과 여행자가 어우러진다. 산업 시대의 잔재와 토종 생태계의 생츄어리[3]가 공간을 공유한다.

이렇듯 하이라인은 앞서 소개한 비트라 캠퍼스의 아우돌프 가든처럼 자연을 닮은 정원이 얼마나 강력하게 포용과 조화의 힘을 발휘하는지를 보여준다. 나는 이곳에서 다양한 인종들과 서로 다른 생활양식들이 그리고 새와 벌과 나비들이 환대를 경험하는 느낌을 즐긴다.

하이라인 북쪽 끝에 다다르면 아직 개발되지 않은 철도 기지 터 속으로 묘한 여운을 남기면서 정원이 사라졌다. 나는 그 모호한 경계의 느낌이 좋았다. 그런데 이 철도 기지가 고급 주상복합 단지로 개발되었다. 고즈넉했던 정원이 충분한 완충지대 없이 삭막한 콘크리트 구역으로 갑자기 바뀌는 느낌이 불만스러웠다. 콘크리트 광장의 중심에는 조각이라 불리기엔 너무 거대하고, 건축물로 보기엔 주변 건물과 비교해 너무 왜소한 구조물이 서있다. 영국의 천재 디자이너로 알려진 토마스 헤더윅의 작품 '베슬The Vessel'이다. 완공 전부터 뉴욕의 새로운 랜드마크로 자리매김할 것이라는 기대를 모았었다. 처음에 이 구조물은 계단을 타고 15층 높이까지 올라가 주변 경관을 감상할 수 있도록 개방되었다. 그러나 문명은 이 구조물을 다르게 해석하고 이용했다. 개관 이후 네 차례 자살 사고가 발생한 것이다. 사고 이후 전면 폐쇄되었다가 1층만 개방하며 다시 문을 열었다. 도시의 명물을 기대했던 사람들에게는 당혹스럽고 안타까운 일이다. 환대의 정원 끝자리에 위풍당당하게 선 이 구조물은 어쩌다 그 반대 의미를 시사하게 되었을까.

사람들과 자연이 어울리고 과거와 현재가 공존하는 하이라인과 고통스러웠던 삶을 포기하는 데 사용된 이 구조물이 만들어내는 극단적인 대조가 이 광장을 더욱 불편하게 만든다. 허드슨강을 향해 노아의 방주처럼 서 있는 베슬은 슬프게도 폐쇄성과 배타성의 상징으로 내게 각인되었다. 맨해튼의 고급 주상복합 단지 한가운데서 위용을 자랑하는 이 구조물은 여전히 관광객들로 넘쳐나지만, 나그네가 쉴 곳도 나비가 앉을 곳도 마땅찮은 그곳은 슬프게도 환대의 정신에서 멀어진 도시의 대형 교회를 연상시킨다.

정원에서 길을 잃다

미국으로 건너와 주택을 구매해 살기 시작하며 홈 가드너의 꿈에 부풀었다. 대단히 생태적이고 아름다운 정원을 만들겠다는 의욕이 넘쳤다. 하지만 첫 3년 동안은 뒷마당 가장자리를 뒤덮은 외래종 덤불을 제거하느라 곤욕을 치렀다. 그 뒤에는 훨씬 길고 처절한 싸움이 기다리고 있었는데, 잔디를 관리하는 반생태적 관행과 이를 강요하는 사회적 압력에 대한 저항이었다. 잎이 짧고 지면에 낮게 퍼지는 우리나라 잔디와는 달리, 미국 잔디는 유라시아나 아메리카 대륙의 초원에 살던 키 큰 풀을 개량한 것들이다. 특히 켄터키 블루그래스라는 이름으로 우리나라에도 유통되는 잔디 품종은 질감이 부드럽고 양탄자처럼 촘촘하게 덮어주기 때문에 북미와 유럽에서 널리 사용되어왔다. 사바나 초원을 질주하며 사냥을 하던 선조들의 영향 때문인지 넓은 잔디 초장에 대한 애정이 각별하다. 주택이고 공공건물이고 할 것 없이 미국 정원의 가장 중요한 요소는 잔디밭이다. 하지만 이 잔디가 제 구실하도록 관리하는 일은 여간 까다로운 게 아니다. 어떤 사람들은 이 잔디를 초록 콘크리트라 부른다. 색깔만 초록이지, 생태계에 거의 기여하지 못하기 때문이다. 오히려 반생태적이다. 원예상에서 통상적으로 추천하는 잔디 관리 프로그램에는 일 년에 적어도 네 차례 제초제와 살충제를 살포하게 되어있다. 고온 건조한 기후를 견디지 못해 엄청난 물을 소비한다. 미국에서 잔디를 깎기 위해 해마다 소비되는 휘발유의 양은 약 45억 리터로 한 해 수입하는 석유의 양과 맞먹는다.[4] 상업 시설은 물론 일반 주택도 잔디 관리를 전문회사에 맡기는 경우가 많은데, 이 분야에서 선두를 달리는 회사의 매출은 2023년 기준 약 15억 달러로, 한화 1조 9천억 원에 달한다. 이 회사의 이름은 아이러니하게도 트루그린TruGreen이다.

화학물질과 화석연료를 퍼붓다시피 하는 관리 방식도 문제지만 이 관행의 가장 큰 폐해는 벌과 나비가 쉴 곳이 없게 된다는 데 있다. 꿀벌이 멸종한다는 기사에 공감과 우려를 표시하는 사람들도 잔디밭에 피어난 민들레 한 송이를 용납하지 않는다. 많은 사람들이 잔디밭에 핀 민들레에 병적으로 예민하게 반응한다. 이런 공간에는 토끼풀도, 토끼도, 다람쥐도, 사슴도 불청객이다. 결국 미국 주택의 잔디밭은 아무에게도 허락되지 않은 공간이다. 배타적이고 폐쇄적이다. 이 문제는 어쩌면 최초의 인류가 에덴에서 쫓겨나면서 비롯되었다고 할 만큼 의식과 관행의 근원이 깊다. 공존의 길을 잃은 느낌이다.

내가 자연주의 정원에 매료된 것은 이 길을 되찾을 수 있겠다는 기대 때문이다. 이 기대를 교회 용어로 표현하면 구원을 향한 어떤 소망이다. 우주적 구원이 갈릴리 시골 마을에서 시작되었듯이, 피조물의 해방에 관한 암시는 잔디를 걷어내고 벌과 나비를 맞아들이는 조그만 정원 한쪽에 내포되어 있는지도 모르겠다. 자연주의를 추구하기 시작하면서 정원은 소유와 과시의 수단에서 환대의 마당으로 의미가 바뀌고 있다. 민들레,

벌과 나비, 온갖 풀벌레 같은 생태 난민들이 발붙일 곳이 늘어나고 있다.

그렇다고 정원이 다시 야생의 환경이 되는 것을 의미하지 않는다. 문명의 하부 구조에 속했던 정원이 문명의 가장자리로, 자연과 문명의 경계로 옮겨가는 셈이다. 경계는 갈등으로 가득한 곳이다. 정원도 그렇다. 뉴욕식물원 수선화 언덕이나 맨해튼 하이라인은 전문가들이 관리하고 있다. 그들이 관리하는 것은 식물 자체에 그치지 않는다. 정원사의 소임은 문명과 자연의 손상된 관계를 어루만지는 것이다.

그러므로 정원은 자연과 문명이 빚는 갈등의 완충지대이고, 정원사는 그 경계에서 화해를 중재하는 제사장과 같다. 광야의 성막처럼 초대교회도 그랬다. 교회는 존재 자체가 갈등이었다. 사실 성경의 기록은 온통 긴장과 갈등의 역사다. 긴장과 갈등 속에서 구원의 본질이 가장 선명하게 드러난다는 사실을 성경 기자들은 알고 있었던 것 같다.

정원에서 길을 찾다 　　　　　　　환대의 의미에 대해 진지하게 생각한 계기가 있었다. 출석 교회에서 진행했던 '선교학교'였다. 『미션 익스포저』를 주 교재로 썼는데, 5주 차 마지막 단원에서 환대의 정신에 대해 배웠다. 이 주제는 매우 중요하면서도 시기적절했다. 마침 교회는 설립 50주년을 맞이했다. 이민 교회로서는 꽤 긴 역사 동안, 한국인의, 한국인에 의한, 한국인을 위한 교회로서 스스로를 지키는 데 집중한 나머지 지역에 뿌리내리지 못했다는 자성이 일어났다. 더욱이 코로나로 해외 선교가 막히면서 교회가 속한 지역으로 눈을 돌리게 되었는데, 훈련 참가자들 사이에서 이미 우리 곁에 와있는 나그네들을 품어야 한다는 교감이 형성되었다. 이후 교회 선교부에서는 그동안 진행했던 지역 협력 사역을 '지역선교팀'을 통해 새롭게 정비했고, '선교조사팀'을 신설해서 지역 상황을 좀 더 면밀하게 살펴보기도 했다. 우리 지역에 국제 난민이 예상외로 많다는 사실과 난민 구호를 전문적으로 담당하는 기관들도 여러 곳이라는 사실이 놀라웠다. 환대의 가치가 교회의 선교적 관점에 큰 전환을 일으켰다.

그러나 성경 속 의미를 탐구할수록 환대는 성도에게 기대하는 의식이나 생활양식 또는 선교의 전략적 관점 등을 설명하는 개념으로 사용하기에는 의미가 넓고 깊다는 것을 깨닫는다. 환대는 말하자면 하나님 나라의 건국이념 같은 것이 아닐까 하는 생각이 들었다. 나그네와 고아와 과부, 가난하고 소외되었으며 위기에 처한, 이미 상처가 깊고 그래서 더 손상되기 쉬운 사람들을 받아들이고 보호하고 배려하라는 명령은 단지 윤리적인 덕목 중 하나라기보다 하나님 나라의 핵심 원리로 보였다. 환대는 타자에 대한, 타자를 위한 그 무엇인가 싶었는데, 이 구절이 마음에 걸렸다.

"너는 이방 나그네를 압제하지 말며 그들을 학대하지 말라. 너희도 애굽 땅에서 나그네였음이라" (출애굽기 22:21)

성경이 시사하는 환대의 원리는 타자성이 아니라 동질성을 토대로 한다는 의미로 이 구절을 해석하고 싶다. 환대는 나와 타인 사이에 공유된 정체성, 모두가 하나님의 형상을 닮은 사람이라는 전제 속에서 발현되는 사랑의 기술이다.

하나님의 완전성   환대의 의미는 자연 속에서 더 선명해진다. 건강한 생태계에서는 수많은 구성원이 생태계에 의존하면서 그만큼 거기에 기여하는 방식으로 하나됨을 추구한다. 자연주의 정원이 생명을 품는 방식도 자연을 모방한다. 자연주의 정원가들의 관심사는 얼마나 아름다운 식물을 얼마나 많이 심을 수 있을까에 있지 않다. 그들의 고뇌는 정원이 속한 환경에 얼마나 적합한 식물을 찾아내느냐에 있다. 우리가 종 다양성이라고 할 때 다양함이란 생물의 종류가 많다는 뜻을 넘어 생물들 간 유기적 연결이 얼마나 완전한가, 즉 하나됨의 완전성을 뜻한다. 이 완전성을 생태학에선 '균형'이라는 개념으로 설명하지만 나는 '통합'이라는 말로 표현하고 싶다. 언제 깨질지 모르는 살얼음처럼 취약한 균형이 아니라 먹이사슬의 밑바닥부터 최상단까지 생태계 모든 구성원이 철저하게 서로를 의존하는 강력한 연대가 건강한 생태계가 보이는 통합이다. 하나됨의 완전성은 성경에 충분히 계시된 바와 같이 신적인 성품이고 건강한 자연은 이 속성을 그대로 반영한다. 그래서 자연주의 정원은 정원이 자리 잡을 곳의 풍토를 중요시하고 크든 작든 정원을 통해 구현될 생태계를 고려한다. 그렇게 만들어진 정원이 생태적 가치가 뛰어날 뿐 아니라 정원의 기능에 충실할 뿐더러 결국 가장 아름답다는 것이 입증되고 있다.

정원을 드나들 때마다 환대의 의미를 생각한다. 그리고 나의 교회를 돌아본다. 지난 50년 동안 교회는 이 지역의 토양에 뿌리를 내렸을까, 미국으로 가져온 한국이라는 화분 속에서 자랐을까. 화분을 깨고 나와 우리가 선 땅에 뿌리를 내리자는 결의가 선교학교 참가자들 사이에 있었으니 이제 한국 교민과 유학생뿐 아니라 우리 곁의 난민들에게, 지역의 독거 노인들에

게, 결손 가정의 소외된 아동들에게, 가까운 이웃들에게 손을
내밀 차례다. '우리는 당신이 필요한 것을 줄 수 있습니다'라는
말 대신에 '우리는 당신이 필요합니다. 당신은 곧 우리입니다'
라고 말할 수 있으면 좋겠다. 그 과정에서 발생하는 긴장과 갈
등을 피하지 않는 용기가 있었으면 좋겠다. 이 용기가 지역에
서 꽃으로 피어나기를 기대한다.

빛의 정원

빛을 포용한 정원 같은 교회

직업적 정원사가 아닌 생활인 정원사로서 나의 하루는 퇴근 후부터 시작된다. 카메라를 들고 식물원 곳곳의 정원들을 둘러보러 길을 나선다. 업무가 끝나는 오후 4시부터 식물원이 문을 닫는 6시까지 부지런히 발을 놀린다. 가을이 깊어가고 해가 점점 짧아지면 걸음이 더 빨라진다. 겨울이 임박해서는 처음부터 목적지를 한 곳만 정해놓고 시작해야 한다. 한겨울이 되면 추운 날씨도 문제지만 이미 너무 어두워져서 퇴근 후의 즐거운 일상도 잠시 접어야 한다. 식물 공부를 한다며 시작했는데 날이 갈수록 그 시간을 즐기게 되었다. 학교에서 배웠던 조경수들이 실제로 적용된 사례를 확인하는 일도 즐거웠고, 계절이 바뀌면서 식물들 생태와 정원 분위기가 달라지는 모습도 감동이었다. 한번 나갈 때마다 각 식물들의 세밀한 모습과 정원의 풍경 등 몇백 장의 사진을 찍는데, 밤늦도록 사진을 분류하며 식물과 정원을 알아가는 시간은 큰 낙이다.

식물원의 여러 곳을 두루 돌아보려 노력하지만, 자주 찾는 정원 중 하나는 '아젤리아 가든Azalea Garden'이다. 우리에게 익숙한 진달래, 철쭉, 영산홍, 만병초를 포함해 세계 각 지역에서 자생하거나 육종된 진달래속*Rhododendron* 식물들을 수집해놓은 곳이다. 5월마다 3만 제곱미터약 9천 평의 언덕에서는 그야말로 꽃 잔치가 벌어진다. 하지만 내가 여길 자주 드나드는 이유는 꽃나무들 때문이 아니라 사이사이에 심어놓은 여러 종류의 구근식물과 다년생 화초들 그리고 다양한 아교목5) 정원수들을 살펴보기 위해서다.

특히 이곳은 옅은 그늘을 좋아하는 진달래속 식물들의 생육 환경에 맞게 높이 30미터 이상의 교목들이 하늘을 가리는데, 최근에 우리나라 조경가들과 함께 연구하고 있는 숲 정원 Woodland Garden의 전형적인 사례이다.

화려한 꽃 잔치가 끝난 6월의 어느 날, 평소처럼 카메라를 둘러메고 적막해진 아젤리아 가든을 찾았다. 교목들은 더욱 무성했고 그늘도 짙어졌다. 이즈음에는 나뭇잎 틈새로 간간이 들어온 햇빛을 의지해 수국들이 꽃을 피우기 시작한다. 우리에게 익숙한 수국*Hydrangea macrophylla*은 꽃송이가 탐스럽고 색깔도 고운 데다, 토양의 산도에 따라 붉은색에서 푸른색까지 다양한 색상을 선보여 인기가 높다. 그런데 이날 내 눈을 잡아끈 것은 하얀색과 옅은 청색의 꽃잎이 느슨하게 흐드러진 산수국$H.$ $serrata$과 미국수국$H.$ $arborescens$ 군락이었다. 언덕 위 다른 초화류草花類와 어울려 자유롭게 하늘거리는 모습이 인상적이었다. 서쪽 하늘에 낮게 깔린 태양으로부터 숲의 측면을 비집고 들어온 햇살에 꽃잎들이 눈부시게 빛났다. 그늘 짙은 숲 정원에서 이 수수함은 오히려 찬란하게 보였다. 수국의 매력이 수수한 데 있다는 건 새로운 발견이었다. 낯설고도 신비한 모습에 한참을 머물러있었다.

빛이 있으라   색의 원천은 빛이다. 동의어로 써도 좋을 만한 이 둘을 구태여 구분할 필요가 있겠냐마는, 정원을 향한 시선을 색에서 빛으로 옮겼을 때, 정원을 만드는 사람과 정원을 감상하는 사람, 그리고 그 경계에 선 수많은 '정원 생활자'에게 주는 의미는 작지 않다. 프로메테우스에게 불을 선물받은 그리스신화 속 인간들이 누렸던 풍요처럼 정원사들이 빛을 다루기 시작하면서 정원의 미학은 다른 차원으로 진보했다. 정원이 빛을 품기 시작하면서 정원 자체는 물론 각각의 식물들이 발산하는 아름다움이 극대화되었고 사람들은 계절의 변화를 넘어 하루에도 시시각각 달라지는 정원의 모습을 인지할 수

수수함이 오히려 빛났던 산수국과 미국수국

있게 되었다.

자연주의 정원이 큰 흐름을 만들면서 빛에 대한 고려가 깊어졌고 이는 식물 선정에도 영향을 끼쳤다. 특히 주목받은 것은 그라스Grass류 식물들이다. 그라스류는 우리에게 친숙한 벼, 강아지풀, 억새 등 벼과Poaceae나 사초과Cyperaceae에 속한 외떡잎식물을 통칭한다. 다양한 색상과 질감뿐 아니라 자연스럽고도 세련된 자태로 이미 100여 년 전부터 자연주의 정원의 흐름을 형성하는 촉매 역할을 담당해왔다. 특히 그라스류는 빛을 담아내는 데 탁월하다. 계절마다 달라지는 분위기는 물론, 아침저녁으로 바뀌는 태양 광선의 미묘한 차이까지 받아낸다. 정원에서 일어나는 이러한 변화를 역동성이라 표현하는데 정원의 미학적 요소에서 큰 비중을 차지한다. 이처럼 그라스류는 정원의 역동성에 크게 기여할 뿐 아니라 이를 사람이 인식할 수 있는 아름다움으로 표현해낸다. 식물에 내재된 미학적·기능적·생태적 가치를 사람들이 인식하도록 돕는 과정을 식물원에서는 해석interpretation이라고 한다. 그라스류는 정원사의 역할 없이 스스로 해석 능력을 가진 듯하다. 거꾸로 전문 정원가들 중 그라스를 통해서 정원의 역동성에 대한 미학적 감수성을 키워온 경우도 적지 않을 것이다.

정원사들이 정원에서 '빛이 있으라' 선언하기 시작하면서, 즉 빛이 불러일으키는 역동성에 눈이 열리기 시작하면서 비로소 우리는 정원과 식물의 진면목에 눈뜨기 시작했다. 오랜 세월 동안 정원에 내재된 역동적인 아름다움을 놓쳤던 이유는 정원庭園을 고요한 장소靜園 또는 고정된 장소定園로 인식해왔기 때문이다. 의식만 살아있는 사람을 식물인간이라고 하듯이 식물로 가득한 정원을 정적이고 고정된 곳으로 또 그래야만 하는 장소로 생각해왔다. 제국의 정원들이 풍기는 엄격함과 질서 속에서 정원의 개념이 형성되어 왔다면 그 인식 속에는 억압과 통제에 길들여진 우리의 실존이 반영되어 있는지도 모르겠다. 공허함과 흑암이 지배했던 태초 이전의 혼돈을 누구도 역동적이라고 표현하지 않는다. 그런데 '빛이 있으라'는 선언으로 시작된 창조의 서사는 역동성 그 자체였고 창조주는 그 아름다움을 흡족해했다. 생명의 질서와 자유로운 의지 속에서 변화와 성장과 번성은 창조주가 부여한 가장 큰 축복이었다. 고요하고 정적이었던 정원이 자연을 닮아가면서 비로소 그곳에도 빛이 임했고 태초의 축복이 내려졌다. 그 결과 정원의 미학적 · 생태적 · 기능적 가치는 경제적인 지표로 가늠할 수 있는 차원을 넘어섰다.

우리의 교회들은 충분히 역동적인가. 충분히 자유롭고 아

핑크뮬리를 비롯한 다양한 그라스류로 조성된 뉴욕식물원의 한 정원. 오후의 햇살을
머금은 식물들이 아름답다. 우리나라에서 핑크뮬리는 생태계 교란 식물로 분류되어 퇴
출될 위기에 놓였는데, 넓은 면적을 핑크뮬리 한 종만 식재해서 규모의 경쟁을 부추긴
데서 첫 단추가 잘못 끼워졌다. 식재 디자인 부재의 단적인 사례이다.

름다운가. 진리의 빛을 받아 반짝이는 수많은 질문과 회의懷疑와 토론이 용납되는가. 그런 교회가 있다면 일단 무척 어수선할 것이다. 제국들의 정원처럼 엄격하고 절제된 상태를 '경건'으로 인식해왔던 종교 문화 속에서 이런 어수선함은 매우 부담스럽다. 자연주의 정원을 처음 본 사람들은 정원이 아니라 야생의 초원 같다고 말한다. 어수선하다고 한다. 어수선함은 역동성이 주는 첫인상이다.

첫인상이 대단히 어수선했던 서울 명동의 조그만 교회를 생각한다. 첫인상뿐 아니라 출석했던 기간 내내 그랬다. 그곳을 떠나온 지 10여 년이 되어가는 지금, 나는 그 어수선함을 무척 그리워한다. 어수선함 속에서 참여와 이끎이 조화를 이루었던, 계시와 토론이 통합되었던 시간들을 기억한다. 교회들이 제도를 강화하고 체계를 세우는 데 힘을 쏟느라 본질을 향한 집중력을 잃어가는 동안, 이 작고 어수선한 교회는 질문과 대답과 성찰을 통해 나와 신의 관계, 성도 간의 관계를 돌아보게 한다. 성경을 보는 우리의 인식과 관점 속에 어떤 왜곡과 오류가 있는지를 성찰하게 한다. 그리고는 서울의 빌딩 숲, 어두운 그늘 속에 숨어있는 영혼들을 찾아 나선다. 오후의 햇살을 받아 눈부시게 빛나던 아젤리아 가든 수국들처럼, 소외된 영혼들을 그렇게 빛나게 할 모양이다.

2022년 늦가을, 5년 만에 한국을 방문하면서, 미국에 나와 있는 동안 우리나라에서 새로 개장한 정원과 식물원을 둘러보기로 했다. 좋은 계절에 갔다면 고국의 기화요초琪花瑤草를 마음껏 즐길 수 있을 텐데 바쁜 전시 기간을 피해 두 주간 휴가를 겨우 받아낸 때가 하필 11월이었다. 주된 관심사가 수목이었으니 잎이 다 떨어진 나무들의 수형樹形을 관찰하기에는 오히려 낫겠다며 어설피 위로하던 차였다. 일정을 쪼개 여러 곳의 공공 정원과 수목원을 다녔다. 중요한 만남도 주로 그런 곳에서 이루어졌다. 시간을 아끼려는 의도도 있었으나 결과적으로 나도 지인들도 무척 만족스러운 시간을 보냈다.

출국 전날에도 두 친구와 서울식물원을 찾았다. 둘은 정원사의 가이드로 식물원을 둘러본다고 감격스러워했고, 신이 난 나는 입방정이 잦아졌다. 그러다 사고를 냈다.

"정원은 11월이 제일 아름다워요."

이 말을 어떻게 수습할까, 이유를 물어보면 어떻게 대답할까, 머릿속이 분주했다. 하지만 그럴 필요가 없었다. 늦가을의 깊고 풍부한 빛깔을 담아낸 작가정원과 노랗게 물든 버드나무가 하늘거리던 호수 변이 대신 답이 되어주었다. 돌아보니 이번에 둘러봤던 곳 전부가 아름다웠다. 강바람에 가늘게 떨리던

갈색이 빛났던 11월의 선유도공원

선유도 수생식물원 수면 위에 비친 자작나무, 경북 영천 임고 서원 흙담을 배경으로 빛나던 단풍, 잔잔한 강물에 잠긴 노을 속 실루엣이 아름다웠던 성주 성밖숲 왕버들, 신도시 고층 아파트 수직선과 조화를 이루던 국립세종수목원 대나무… 꽃 한 송이 없는 그 장면들은 왜 그렇게 나의 감각과 의식 깊숙이 파고들었을까. 모두 빛을 품은 장면들이었다.

11월은 색이 죽고 빛이 사는 계절이다. 색은 식물의 투쟁 흔적이다. 벌과 나비와 새를 불러들이기 위한 몸부림이다. 후세를 남기기 위한 처절함은 초라한 갈색으로 끝나는 듯하지만, 그때 비로소 식물들은 빛으로 자신을 채울 준비를 마친다. 그리고 빛난다. 실제로 최근 정원가들은 갈색에 주목하기 시작했다. 이 칙칙한 색상에 새로운 관점을 열어준 인물은 자연주의 정원의 대가 피트 아우돌프이다. 그의 활동 이후로 갈색은 자연주의 정원에서 중요한 주제가 되었다.

죽음의 색에서 빛을 인식하고 그걸 아름답다고 찬미하는 일은 참으로 역설적이다. 그러나 죽는 게 곧 사는 것이라고 선언하는 구원의 언어만큼은 아니다. 변화산에서 빛나던 모습보다 상하고 찢겨 십자가에 매달린 모습에서 더 큰 영광을 보는 일만큼은 아니다. 많은 사람이 교회가 죽어간다고 말한다. 교회는 죽지 않는다. 화려했던, 색에 의지했던, 높아지려 몸부림

쳤던 그 허무가 무너지는 중이다. 죽은 듯한 무기력 속에서 갈색의 초라함 속에서 우리가 놓쳤던 진리의 빛을 발견해나가는 것이 곧 자신을 세상의 빛이라 선언했던 그리스도를 따르는 길이 아닐까.

너희는 세상의 빛이라

봄마다 북미의 숲을 파스텔 톤으로 곱게 물들이는 주역은 단연 단풍이다. 앙증맞은 아기 손바닥을 닮은 우리나라 단풍과는 많이 다르지만 계통상 단풍나무속Acer 의 가까운 친척들로서 미국에서는 메이플maple이라 부르는 덩치 큰 교목들이다. 붉은 꽃눈이 아름다운 참꽃단풍A. rubrum, 메이플 시럽 원료를 제공하는 설탕단풍A. saccharum, 그리고 유럽에서 건너와 토착화된 노르웨이단풍A. platanoides이 주종을 이룬다. 4월 중순경 먼저 참꽃단풍이 빨간 꽃망울로 숲을 붉게 물들이기 시작하면 설탕단풍의 연한 주황색 꽃 무리가 뒤를 잇는다. 노르웨이단풍은 노랑에서 라임그린에 가까운 밝은 꽃과 잎을 내며 연둣빛으로 바탕을 채운다. 봄마다 펼쳐지는 장관의 주인공들은 사실 손톱만 한 작은 꽃들이다. 꽃만 보면 보잘것없어 보인다. 이 작은 꽃들이 봄날의 밝은 햇살을 받아 드넓은 숲을 환하게 비추는 것이다. 뭐니 뭐니 해도 가을의 주인공은 단풍이라지만 나는 빛을 머금은 봄날의 메이플 꽃망울에 더 매료된다.

빨강, 노랑, 파랑의 물감을 섞으면 물은 점점 탁해지다가 결국 검은색에 가까워진다. 하지만 빛의 삼원색으로 알려진 색들을 조명으로 섞으면 투명에 가까워진다. 북미의 봄을 담당하는 세 종 단풍들이 그렇게 일한다. 자연주의 정원에서도 빛을 머금어 빛나는 식물들은 자기만 드러내려 하지 않고 다른 식물들과 어울린다. 겹칠수록 더 밝아진다. 식물 간 경계가 희미해진다. 정원은 조화롭고 역동적으로 변한다. 색깔로 멋을 내던 예전 방식으로는 절대 구현할 수 없는 아름다움이다. 그래서 정원 디자인의 중요한 요소 중 하나인 색상을 빛의 관점으로 봐야 한다는 데 정원가들은 공감한다. 색상환에서 맞은편과 짝을 이루는 관계인 보색補色도 대립과 갈등을 의미하지 않는다. 보색은 문자 그대로 보완 관계이다. 보색이 우리에게 인식되는 과정은 시각적으로 긴장과 갈등을 동반하지만 시신경을 타고 우리 의식 속에서 인식되었을 때 심리적으로는 매우 조화롭다는 점을 발견한다.

누군가 소금의 역할은 짠맛을 내는 것이 아니라 음식의 제맛을 내는 것이라 설명했다. 타당하게 들렸다. 소금이 적절하게 들어가면 짠맛도, 비릿한 재료 맛도 아닌 새로운 맛이 탄생

이른 봄 햇살에 빛나는 참꽃단풍꽃

한다. 그러므로 소금은 입맛을 돋우는 조미료調味料보다는 새로운 맛을 만드는 조미료造味料에 가깝다. 빛도 그렇다. 빛 자체는 너무 밝아서 쳐다볼 수도 없고, 색도 없고, 눈에 고통을 줄 뿐이다. 그런데 그 빛이 대지를 비추면 모든 사물이 본연의 색깔을 낸다.

빛을 포용한 정원 같은 교회를 그려본다. 각각의 성도가 제 빛깔을 내도록 인생을 진리의 빛으로 비추는 곳이 있을까. 각각의 성도가 제도상 직분을 넘어 부르심과 은사에 기반해 교회의 머리 앞에 서는 교회가 있을까. 정답이 정해진 듯 획일적인 성경 해석, 소비적이고 수동적인 봉사자 모습으로 고착된 성도의 역할, 세상을 그대로 닮은 계층구조 대신에 더 다양하고 더 어수선하고 더 빛나는 공동체가 있을까. 화려한 건물로 스스로 빛나기보다는 초라한 건물일지라도 지역을 빛나게 하는 조그만 동네 교회가 있을까.

"너희는 세상의 빛이라 산 위에 있는 동네가 숨겨지지 못할 것이요"(마태복음 5:14)

나의 사진첩에는 정원의 빛을 주제로 한 사진들이 점점 늘어나고 있다. 빛을 머금은 정원에서 포용과 조화의 묘미를 경험한다. 하나됨의 원리를 배운다. 그리스도께서 사람들에게 세상의 빛이 되라고 했을 때, 빛을 창조하고 스스로 빛이라 칭했던 절대자의 속내에는 어떤 기대가 있었을까. 모이면 밝아지는 삶, 남을 빛나게 하는 삶, 빛으로 수렴되는 삶이란 어떤 것인지 더 탐구하고 싶어진다.

공유의 정원

상실한 낙원을 회복하는 연습

봄의 정원은 복수초, 설강화, 풍년화 등 눈이 녹기 전부터 꽃망울을 터뜨린 꽃들에 이어서 본격적인 꽃 잔치가 열릴 참이다. 바깥 정원은 이제 시작이지만 사람들 마음속 정원에는 이미 기화요초가 만개했다. 내면의 정원을 바깥세상에 구현하고픈 동기가 가장 왕성한 계절이다. 꽃집은 이맘때 제일 붐빈다.

봄은 정원사들에게도 당연히 바쁜 계절이지만, 특별히 봄이라서 더 그런 것은 아니다. 식물원 부서마다 차이는 있지만, 꽃의 향연이 저무는 가을 무렵에 각종 전시 준비로 더 바빠진다. 9월 말부터 식물원 방문객은 급격히 줄어드는데, 이때를 맞춰 국화 축제가 시작된다. 국화 축제가 마무리되면 12월부터 기차쇼가 열린다. 전시 온실에 약 2킬로미터 길이 모형 철로가 놓이고 미니어처 기차 수십 대가 쉴 새 없이 선로를 누빈다. 장난감 기차가 무슨 볼 것이 있나 싶겠지만 나뭇가지와 밀랍 등

저자가 인턴으로 근무했던 플랜팅필즈수목원에 풍년화*Hamamelis x intermedia* ‘Aurea’
가 만개했다. 지역에 따라 2월에서 3월에 개화하는 풍년화는 봄 소식을 가장 먼저 알리
는 꽃나무 중 하나이다.

천연 재료로 만든 철로와 교량을 따라 엠파이어스테이트빌딩, 자유의 여신상을 비롯해 뉴욕시 역사적인 건물 100여 채가 세워진다. 12월 초부터 방문객들이 모여들기 시작해 성탄절과 연초에 절정을 이룬다. 기차쇼가 열리는 기간이면 평일에도 주차장에 빈자리를 찾기 어렵다.

성탄절과 연말연시의 설렘과 부산함이 잦아들고, 늦겨울이 주는 권태로움에 사람들 마음이 우울해질 즈음, 식물원은 화려한 열대난으로 전시 온실을 채워 방문객을 불러들인다. 2월부터 4월까지 이어지는 난 전시회Orchid Show는 매년 주제와 디자인이 바뀌기 때문에 많은 방문객이 해마다 전시 온실을 찾는다. 유명한 화훼디자이너 제프 레덤Jeff Leatham이 만화경Kadeidoscope을 주제로 전시회를 기획하기도 했고, 중국계 아티스트인 릴리 퀑Lily Kwong이 할아버지의 동양화 병풍을 보고 영감을 받아 '자연의 유산Natural Heritage'이라는 주제로 전시회를 열기도 했다. 2024년에는 세 명의 디자이너가 패션쇼를 컨셉으로 전시 온실 내 세 개의 쇼룸을 화려하게 장식했다. 난 전문 농장에서 들여온 수백 송이의 호접란들이 배경을 채우고, 식물원의 난 컬렉션에서 보유하고 있는 희귀 난들이 대거 동원되면서 전시 온실은 상상 속의 세계로 탈바꿈한다. 겨우내 꽃을 기다리다 지친 방문객들은 조금 과하다 싶을 만큼 화려한 꽃 잔치에서 봄을 향한 허기를 달랜다.

소유의 정원　　　　　기차쇼는 전문 업체가 모형 선로와 미니어처 건물 제작 등 대부분의 작업을 담당하지만 국화 전시회와 난 전시회처럼 식물이 주인공인 전시 준비는 오롯이 정원사들 몫이다. 국화는 식물원에서 꺾꽂이나 포기 나눔 등으로 자체 생산한다. 행사가 끝나자마자 다음 해에 필요한 국화 증식에 들어간다. 난을 직접 생산하는 일은 기술적으로 어렵고 많은 시간이 소요되므로 전문 농장에서 구매한다. 멸종위기종이나 희귀종들은 일반에 공개되지 않는 보존 온실에 보유하고 있다가 극히 일부가 행사 기간 동안만 전시 온실에 식재된다.

국화나 난을 포함해 전시에 사용된 식물들의 운명은 두 갈래로 나뉜다. 보존 식물로서 전시를 위해 공개되었던 식물들은 다시 제자리로 돌아가지만 나머지는 모두 버려진다. 폐기가 결정된 식물들은 자연으로 잘 돌아가게 하는 일이 최선이다. 부착했던 금속과 플라스틱을 일일이 제거하고 멀쩡한 식물을 잘라서 버리는 일은 시간과 에너지도 많이 소요될 뿐 아니라 정원사들 마음도 적지 않게 상하게 한다.

인턴으로 근무했던 수목원에서도 많은 식물이 버려졌다.

뉴욕식물원 난 전시회 : 〈자연의 유산〉

뉴욕식물원처럼 대규모 기획 전시는 없지만 손상되거나 병든 식물들, 노후한 나무들, 지나치게 번져 뿌리 뽑힌 식물들이 매일 산처럼 쌓였다. 한번은 게이트하우스[6]에 딸린 정원을 새로 조성하는 작업에 참여했다. 오래된 정원을 철거하는 작업부터 시작했다. 장미, 애기말발도리, 큰꿩의비름, 수국 등 10년 넘게 자리를 지키던 터줏대감들이 모두 뽑혀 나갔다. 퇴비장에는 버려진 식물들이 산더미처럼 쌓였다. 뿌리가 덜 상한 식물들을 골라 여러 차례 미니밴 가득 싣고 집으로 가져왔다. 버려질 식물을 구출해 정원을 가꾸는 보람과 기쁨도 컸지만 고생도 이만저만 아니었다. 심을 자리를 정하지 못해 대형 화분에 담긴 식물들은 손이 많이 갔고 이리저리 옮기는 일도 빈번했다. 바뀐 환경에 적응하지 못해 죽어나간 것들도 여럿이고 겨울마다 배고픈 사슴들에게 뜯긴 경우도 허다하다. 인턴 기간 중 상주했던 광대한 정원을 두고 왜 식물을 집에 들이느라 그 고생을 했던 걸까.

퇴비장에 쌓인 식물을 보며 마음이 불편해지는 것은 식물에 대한 연민보다는 아깝다는 생각 때문이다. 특히 값비싼 식물이나 돈을 주고도 구하기 어려운 식물들은 잘려나간 줄기라도 가져와서 살리고 싶은 마음이었다. 이 소유의 욕망은 역사가 길다. 세계적인 베스트셀러 『먹고 기도하고 사랑하라』를 쓴

엘리자베스 길버트Elizabeth Gilbert는 다른 소설 『모든 것의 이름으로』에서 한 식물학자의 파란만장한 여정을 그려낸다. 20여 년간의 고증을 거쳐 쓰인 이 대하소설은 19세기 영국 왕립 식물원 '큐 가든'에서 벌어진 일련의 식물 도난 사건에서 출발한다. 희귀 식물이 부와 권력의 상징이었던 시대, 제국들은 식물학자와 선교사를 태운 선박들을 바다 건너 미지의 땅 특히 남미로 보냈다. 거기서 발견한 약용식물들은 귀족들 사이에서 비싼 값에 거래되었다. 주인공 엘마도 그렇게 부를 축적한 집안의 딸이었다. 아마존 밀림이나 안데스의 고산지대를 탐험하고 돌아온 귀족들이 건네는 희귀 식물 한 점은 어떤 값비싼 보석보다 제국의 통치자들을 감동시켰다. 왕실에 속한 식물원들은 희귀 식물 반출을 엄격하게 금지했다. 세계적으로 이름난 식물원들은 이렇게 토대를 다져왔다.

소유의 동기가 이렇듯 오늘날까지 정원을 가꾸고자 하는 강력한 에너지인 점은 분명하다. 이 욕구의 원천을 설명하는 강력한 개념 중 하나가 오늘날 제도 경제학의 근간인 희소성 원리다. 『슬로처치』 저자들은 월터 브루그만Walter Brueggemann의 글을 인용해 지적하기도 했다.

"희소성의 원리를 신봉했던 결과로 인류에게 남은 것은 고통과 두려움, 탐욕과 잔인함이다. 아이들과 여성들이 학대당하고, 군비 경쟁이 발생하고, 우리 자신이 아닌 누구도 돌아보지 못하게 한다."[7]

온갖 식물들로 아파트 베란다를 채운 도시의 정원 생활자라면 한 번쯤 마당의 정원을 꿈꿨을 것이다. 땅이 필요하다. 우리나라에서 땅에 얽힌 문제를 생각하면 월터 브루그만의 지적이 과하지 않다는 생각이 든다. 우리나라는 지금 정원의 르네상스 시대를 맞고 있는데 이 흐름이 땅에 대한 사람들의 태도와 어떻게 합쳐질지 궁금하다. 정원이 부상하면서 땅을 가진 사람들과 그렇지 못한 사람들의 간격과 갈등이 더 커질지 모를 일이다. 정원에 대한 욕구가 커지면서 땅이 없는 현실 때문에 박탈감과 절망감이 더 커질지도 모를 일이다. 여기 희망적인 이야기가 있다.

공유의 정원

영국에는 내셔널 가든 스킴National Garden Scheme, NGS이라는 비영리단체가 있다. 이 단체는 주택의 정원을 개방하여 얻은 입장료 수익금으로 의료 서비스에서 소외된 사람들을 돕는다. 크고 작은 개인 정원이 이 기관에 등록되어 있는데 어떤 곳은 늘 열려있고, 일 년에 단 하루 개방하는 곳도 있다. 또는 집주인과 일정을 조율한 후 약속한 날에 방문할 수도 있다. 홈페이지 검색 시스템을 통해 가까운 정원의 위치와 개방 여부를 확인할 수 있다. 입장료 수입과 쿠키와 차 등을 판매한 수익금을 통해 취약계층 의료비 지원 기금이 마련된다.

이 단체 역사는 1859년으로 거슬러 올라간다. 영국의 하원의원이며 사업가이자 독지가였던 윌리엄 라스본William Rathbone은 아내의 간병을 위해 메리 로빈슨Mary Robinson이라는 전문 간호사를 집에 상주하도록 했는데, 아내가 사망한 후에도 메리를 계속 고용해서 지역의 가난한 이웃들도 숙련된 간호사에게 도움을 받을 수 있도록 했다. 이후 플로렌스 나이팅게일Florence Nightingale과 힘을 합해 지역 간호 체계의 기반을 닦았고, 이후 빅토리아 여왕이 QNIQueen's Nursing Institute를 설립하여 이를 전국으로 확대했다. 이 단체를 통해 전문 간호사 육성과 더불어 의료보험 혜택을 받지 못하는 빈민들에게 양질의 의료 서비스를 제공하는 활동이 탄력을 받게 되고, 1927년 이 단체의 자문 회의에서 안정적인 기금 마련을 위한 방안으로 내셔널 가든 스킴 설립을 결의했다.

코티지 가든으로 잘 알려진 영국의 주택 정원은 400여 년

플랜팅 필즈 수목원의 소유주가 자녀를 위해 지은 플레이 하우스(Play House)의 정원
은 전형적인 코티지 가든 스타일이다.

의 세월을 거치면서 개인 또는 가족만의 은밀하고 아늑한 공간으로 발전해왔는데 내셔널 가든 스킴을 통해 비로소 빗장을 열고 외부인을 손님으로 맞이하기 시작했다. 현재 약 3,600여 곳의 주택 정원이 개방되어 많은 사람들이 영국 주택 정원의 세밀한 아름다움을 공유할 수 있게 되었다. 입장료 등으로 2023년에 모금된 금액은 약 410만 파운드한화 약 70억 원이고, 추가로 식물과 쿠키 등을 판매해서 기부된 금액은 23만 파운드한화 약 4억 원이었다. 이 기금들은 빈민을 대상으로 의료 구호 활동을 수행하는 기관이나 간호사 교육기관 등으로 보내진다.[8]

정원의 나라 영국다운 풍경이다. 그런데 우리나라에서도 비슷한 일이 벌어지고 있다. 서울의 한 동네에서 사람들이 꽃이 담긴 상자들을 트럭에서 부지런히 내린다. 길을 따라 만들어진 화단이 새로 심은 꽃으로 가득하다. 이날은 마을 꽃길을 만드는 날이다. 어느 주택 마당에서는 넓게 번진 달맞이꽃을 솎아내 이웃에게 나눠주기도 한다. 어느 집 마당에서는 결혼식 준비가 한창이다. 형편이 어려운 커플을 위해 마을 주민이 손을 보탰고 마당이 가장 넓은 집은 야외 예식장이 되었다. 결혼식을 열흘 앞두고 이 집 마당에서는 꽃 심기가 한창이다. 신랑 신부가 함께 서는 날에는 세상에서 가장 아름다운 예식장이 될 것이라고 한다. 이 마당 결혼식은 그대로 마을 전통으로 자리 잡았다. 마을에서 정원 축제가 시작되면 모든 집의 대문이 열린다. 지나가던 사람들이 마음대로 마당을 드나들며 정원을 둘러보기도 하고 집주인과 담소를 나누기도 한다. 서울 성북구 정릉마을에서 봄마다 벌어지는 이 풍경은 정원의 의미를 다시 생각하게 한다.

주택 정원을 개방하는 흐름은 아주 신선한 변화로 보인다. 한 가지 더 주목할 변화는 우리나라에서도 공공 정원public garden 개념이 부상하기 시작했다는 점이다. 일찍이 영국에서는 왕실이나 귀족들이 소유한 정원을 개방하면서 공공 정원 개념을 정립했고 다른 나라에서도 식물원과 수목원 등 대중에 개방된 장소를 공공 정원이라고 불러왔다. 용어 변화와 더불어 식물원이나 수목원의 딱딱한 이미지도 바뀌고 있다. 식물을 공부해야 한다는 부담이나 산림의 경제적 효용에 설득당해야 할 것 같은 느낌 대신 여가와 놀이, 쉼과 회복의 장소로 변모하고 있다는 점은 참으로 고무적이다. '희소성 원리'가 낳은 경쟁적이고 파괴적인 세태에 기진해진 사람들이 목마른 사슴처럼 정원을 찾는 모습은 전혀 놀랄 일이 아니다.

자연주의 정원은 공유의 의미를 한층 확대한다. 일찍이 독일의 조경가 리하르트 한젠Richard Hansen은 정원을 식물의 서식처로 볼 것을 제안했다. 그의 관점에서는 식물이 뿌리내린

토양, 흙 속 미생물들, 정원을 드나드는 온갖 풀벌레와 들짐승들, 햇빛, 공기, 바람 등 정원을 둘러싼 환경들도 정원의 일부다. 이 모든 것에 대해 우리는 소유권을 주장할 수 있는가? 당치도 않은 얘기다. 정원은 우리의 이웃뿐 아니라 자연 생태계와도 공유하는 공간이다

우리를 참으로 행복하게 하는 것은 소유할 수 없거나 소유할 필요가 없는 것들이다. 좋은 사람들과의 진실한 관계가 그렇고, 가슴이 아리도록 아름다운 자연도 그렇다. 이른 여름날 아침 풀밭에 반짝이는 이슬이나, 따스한 가을 햇빛이 통과한 말간 빛의 가을 나무 잎사귀가 그렇다. 정원의 즐거움은 남들에게 없는 식물, 내 취향에 꼭 맞는 꽃들을 소유하는 데 있다기보다는, 공유 공간인 정원에서 벌어지는 관계를 누리는 데서 온다. 마당 딸린 집에서 정원을 가꾸며 사는 꿈을 꾸기에는 현실이 너무 팍팍하더라도 낙심할 필요가 없다.

향유의 정원   비극적으로 단명했던 태초의 정원으로 돌아가 보자. 최초의 인류는 거기서 태어났고, 결혼했고, 거기서 신학적인 의미로 한정하더라도 죽었다. 위로 신과의 완전한 관계를 경험했고 옆으로 첫 인간관계를 맺었고 아래로 생물들에

게 이름을 부여하는 일을 했다. 그들이 에덴에서 추방되기 전까지 경험했던 일들을 그려보면 이 시대에 정원이 우리에게 주는 의미, 즉 정원을 누리는 방법을 찾아가기 위한 실마리를 얻을 수 있다. 에덴이 얼마나 아름다웠는지를 상상하는 데 소요되는 에너지만큼 첫 인류의 삶의 터전이었던 동산의 의미를 탐구하는 데 주의를 기울인다면 내 집 마당이 아니더라도 우리 곁에 한층 가까워진 정원을 향유하는 데 적지 않은 도움을 받을 것이다.

에덴에서 첫 인류가 누렸을 법한 것들을 더듬어본다. 그 상실한 낙원을 회복하는 연습이 정원에서 가능할지 생각해본다. 정원은 공간을 누리는 법을 훈련하는 곳이다. 땅을 누리는 길은 내 소유의 땅에 담을 두르고 문을 걸어 잠그는 것이 아니고 문을 열고 대지의 축복을 사람과 또 자연과 공유하는 데 있다. 정원은 풍요를 누리는 길을 보여준다. 인간의 욕구는 희소한 자원을 독점해서 충족될 수 없고 잉여를 덜어낼 때 생기는 풍요를 통해 해결된다. 정원은 손상된 관계를 복원하는 법을 알려준다. 정원을 나만의 은밀한 도피처로 만들고 싶었다 하더라도 정원을 일구면서 이곳이 고립이 아닌 더불어 사는 현장임을 알게 될 것이다. 정원은 소외된 자아를 되찾게 하고 문명의 역사만큼 오랫동안 유린당한 자연과도 화해하게 한다. 에덴이 교회의 원형이라면 그래서 그 동산에 교회의 본질이 녹아있다면 이런 유익을 정원에 기대하는 것이 오히려 자연스럽다. 소유와 과시의 수단이었던 정원이 자연주의로 전향하면서 겪는 많은 시행착오를 지켜보고 있다. 나는 그 몸부림이 아름답게 느껴진다.

"하나님이 그 일곱째 날을 복되게 하사 거룩하게 하셨으니 이는 하나님이 그 창조하시며 만드시던 모든 일을 마치시고 그 날에 안식하셨음이니라" (창세기 2:3)

공감의 정원

우는 사람들 사이에 겸허히 자리 잡기

겨우내 텅 비었던 수선화 언덕이 진초록 새싹들로 가득하다. 며칠 안으로 이곳은 '백만 송이 수선화'라는 팻말이 무색하지 않을 만큼 꽃들로 가득 덮일 것이다. 소나무 껍질을 곱게 갈아 만든 멀칭재[9]로 말끔하게 덮인 숲 가장자리 화단은 설강화와 헬레보루스, 히아신스가 만개했다.

이른 봄을 깨우는 복수초와 크로커스, 바람꽃 종류와 더불어 새봄의 환희를 강렬하게 표현하는 이 꽃들은 모두 알뿌리, 즉 구근식물이다. 이 식물들 가운데 잘 알려지지 않은 실라Scilla라는 꽃이 있다. 백합 과科 무릇 속屬에 속한 식물인데, 봄이 되면 식물원 화단에 가득 피어 봄 정원을 환하게 빛낸다. 얼마전 자연주의 정원가들이 활동하는 온라인 커뮤니티에 사진이 하나 올라왔다. 실라가 가득 피어난 고즈넉한 숲속 풍경이었다. 사진을 올린 우크라이나 조경 디자이너는 그곳의 봄도 이 꽃과 함께 시작된다고 적었다. 그런데 숲 한가운데 러시아에서 날아

실라가 가득 피어난 숲에 박힌 러시아 미사일. 우크라이나의 봄은 그렇게 시작되었다.
(사진제공 : 스타니슬라프 쿠즈네초프)

온 미사일이 불발탄이 된 채 박혀있었다. 우크라이나의 봄은 그렇게 시작되었다.

각자의 언어   바깥 정원이 가장 아름다워지는 이때, 아쉽게도 나는 여름 전시에 필요한 식물들을 길러내느라 재배 온실에 갇혀 분주한 시기를 보내고 있다. 4월 말 난 전시회가 끝나면 본격적으로 여름 전시가 시작된다. 컨서버토리Conservatory라고 불리는 전시 온실 안에서 열리는 다른 행사와 달리 여름 전시는 5월부터 9월까지 식물원 전역에서 열린다. 규모도 크고 기간도 길기 때문에 당연히 소요되는 식물의 양도 엄청나다. 이를 위해 해마다 명망 있는 디자이너와 계약을 맺고 전시를 기획하는데 2013년에는 중미 자메이카 출신 아티스트 에보니 패터슨Ebony Patterson이 디자인을 맡았다. 정원 곳곳에 구현할 여러 주제 중 하나는 '대지의 상처Wound of the Earth'이다. 이 주제 정원은 컨서버토리 앞에 넓게 펼쳐진 잔디 마당에 꾸며졌다. 이곳에 심겨 대지의 상처를 형상화한 식물들은 대부분 붉은색 계통이다. 여러 종류의 백일홍과 코스모스 그리고 우리나라에는 아직 잘 알려지지 않은 아욱과와 비름과 계통의 여러 식물들을 재배 온실에서 준비했는데 요구한 수량이 너무 많아서 곤욕을 치렀다.

전시 준비는 언제나 힘들지만, 매번 새로운 주제가 발표될 때마다 나는 그 의미를 묵상하느라 머릿속이 분주하다. '대지의 상처'는 더더욱 그랬다.

"죄는 상처이지 얼룩이 아닙니다."Sin is a wound, not a stain

영화 〈두 교황〉의 대사처럼 사람들이 대지에 만든 죄의 흔적도 지우기 어려운, 치유하고 다루어야 할 깊은 상처들이다. 성경에는 사람들의 죄 때문에 땅이 입은 상처에 관한 이야기가 많다. 첫 인류의 첫 타락 순간부터 땅은 저주를 받았고(창3:17), 그들의 첫 후손이 흘린 피를 받아 마셔야 했다(창4:11). 인류가 부패하면서 땅도 부패했고(창6:11), 사람들이 심판을 받은 땅은 황폐해졌다(레26:33). 그리고 모든 피조물이 새로워질 그 날, 땅도 새로워지길 고대하고 있다(사65:17). 대지는 창조주와 피조물 사이 거의 모든 역사의 배경이 되어왔지만, 신학적으로든 신앙적으로든 의미를 충분히 조명받지 못한 것 같다. 애보니 패터슨의 전시가 기독교 세계관과 직접적인 연관은 없지만, 대지의 상처라는 주제가 식물이라는 소재를 통해 구현되는 과정도 흥미진진했고, 정원이라는 공간이 그 메시지를 담아내고 소통하는 것을 경험하는 것도 뜻깊은 시간이었다.

이렇듯 정원과 식물은 참으로 강력한 공감의 언어이다. 미국으로 건너와 지금까지 나는 영어보다 정원이라는 언어를 배우는 데 더 몰두해왔는지 모른다. 이제 미국 생활 8년 차로 접어드는데, 나의 영어 수준을 생각하면 기가 찰 노릇이다. 한국에 있을 때는 절박하지 않아서 늘지 않았다고 핑계 댈 수 있었으나, 이곳에서 학교를 다니고 직장 생활을 하면서, 심지어 우리말보다 영어가 익숙한 고등부 아이들 성경 공부를 맡고 있는데도 이 수준인 것에 무슨 핑계를 댈 수 있겠는가. 언어 장벽으로 인한 스트레스를 생각하면 아직 나지도 않은 머리카락이 하얘지는 느낌이다. 그럼에도 당분간은 영어보다 정원의 언어에 더 집중할 작정이다. 정원사이기 때문이다. 이것이 나의 언어이기 때문이다. 우리 모두는 각자의 언어를 갖고 있다. 환대의 언어, 평화의 언어, 생명의 언어, 공감의 언어…

언어는 곧 삶이다. 그 삶에 복음의 정수가 담긴다. 누군가는 요리에, 누군가는 노래에, 누군가는 제품을 통해 그 언어를 구사할 수 있듯이 정원사라면 마땅히 정원이라는 언어를 구사하고 또 해석할 힘을 길러야 한다.

슬픔도 품은 아름다움   정원을 생각하면 당연히
예쁜 꽃과 나무가 연상된다. 정원사로 살다 보니 이런 선입견

2023년 뉴욕식물원의 재배 온실은 '대지의 상처'를 표현하기 위한 검붉은 식물들로
가득했다.

이 오히려 정원의 의미를 대단히 축소하고 있다는 사실을 깨달았다. 정원 일을 시작하기 전, 남도의 한 섬에서 느꼈던 어떤 혼란스러움도 이런 선입견 때문이라는 생각이 들었다.

오래전 어린아이들을 데리고 슬픈 사연을 간직한 섬 소록도를 찾았을 때의 일이다. 처음 눈에 띈 것은 소록도 중앙공원 입구의 소나무들로 심하게 일그러진 모습이었다. 병원인지 형무소인지 알 수 없는 섬뜩한 느낌의 기념관을 둘러본 뒤라서 그런지 더욱 그래 보였다. 사람들도 나무들도 고통받고 있다고 생각했다. 그런데 안으로 들어갈수록 경관이 달라졌다. 아름다운 정원이 펼쳐졌다. 소나무와 편백나무 그리고 온갖 난대성 수종들로 잘 가꿔진 모습이 너무도 인상적이었다. 오래된 향나무의 붉은 수피樹皮를 타고 햇살이 쏟아지는 모습은 경이롭기까지 했다. '깊은 슬픔이 서린 곳이 그토록 아름다워도 되는가'라는 의문 때문에 그 경관이 감동보다는 혼란스러움으로 다가왔다.

여행을 다녀온 후 몇 달이 지나 다시 한번 당혹스러운 일이 벌어졌다. 아이가 학교 숙제로 '우리나라에서 자랑하고 싶은 곳'을 조사해야 하는데 지난여름 방문했던 소록도를 소개하고 싶다고 했다. "거긴 엄청 슬픈 곳이야." 설득 아닌 설득에도 아이는 뜻을 굽히지 않았다. 그곳이 너무 아름다웠고 누나와 소나무 밑에서 재미있게 놀던 기억이 좋다는 말이었다. 아이에게 정답을 강요하지 말아야겠다는 생각과 더불어 어쩌면 그 정원에 대한 아이의 해석이 옳을지도 모른다는 생각이 들었다. 내고정관념 속 소록도는 아픔의 섬이지만 이제 그곳은 치유와 회복의 그래서 아이에게도 기분 좋은 추억을 남길 수 있는 정원이 되었다. "한센병은 낫는다." 커다란 석조물에 새긴 믿음의 선언대로 그분들은 스스로를 치유해 왔는지도 모른다. 그 흔적이 고스란히 담긴 곳이 소록도의 정원이었다. 그곳에서 찍은 사진 중에 큰 나무 아래서 아내와 아들이 걷고 있는 장면이 담긴 것이 있는데, 이 사진은 나의 연작 〈나무 아래서〉에 속한 첫 번째 사진이자 내가 가장 아끼는 장면 중 하나가 되었다.

수십 년간 버려진 고가철도를 아름다운 정원으로 변모시킨 뉴욕 맨해튼의 하이라인은 전 세계 조경학도들과 정원사 지망생들에게 성지 같은 곳이다. 하루에도 수만 명이 찾는 도심지 공공 정원으로서, 성공적인 도시재생 사례로서, 미학적으로 빼어난 폐허 정원의 진수로서, 토착 생태계를 성공적으로 복원한 자연주의 정원으로서 평가할 수 있는 지점은 일일이 나열할 수 없을 만큼 많지만 내가 가장 주목하는 점은 시대의 아픔을 품어주는 정원의 공감 능력이다.

하이라인에는 정원 곳곳에 실험적이고 창의적인 작품들이

전시되는데, 많은 작품이 시대상을 반영한다. 어느 날 조금 섬뜩한 느낌의 조각이 시선을 끌었다. 여러 사람의 동상이었다. 망연자실한 표정으로 먼 곳을 주시하는 사람들의 눈에서는 끊임없이 눈물이 흘러내린다. 이 작품에는 〈여성들과 아이들〉이라는 제목이 붙었다. 아마도 다른 이름을 붙인다면, '슬픔' 또는 '고아와 미망인들'이라고 부를 수 있을 만큼 소외와 탄압의 피해상이 참혹하고 적나라하게 표현되어있다. 처음에는 수많은 사람이 찾는 공공 정원에 왜 이토록 어둡고 아프고 부정적인 분위기의 작품을 세워놓았을까 의아했다. 그런데 한참을 머물러있는 동안 그것이 하나도 어색하지 않게 느껴졌다. 오히려 이 작품이 표현하고자 하는 슬픔이 이 아름다운 정원 속에서 더 슬픔다워지는 것 같다는 생각이 들었다. 이곳이 아니면, 정원이 이를 품지 않으면, 이런 작품이 놓일 만한 공간이 없겠구나 싶었다. 소록도에서 마주한 오묘한 느낌과 오버랩 되면서, 어쩌면 대지와 자연은 그 모방으로서 정원은 시대의 아픔에 공감하고 이를 품고 표현하도록 지어진 것일 수 있다는 생각이 들었다.

일찍이 정원 또는 공원은 추모의 공간으로 이용되어왔다. 추모공원은 희생자 넋을 기리고 유가족을 위로하는 공감의 자리로서 중요한 역할을 담당할 뿐 아니라 남겨진 사람들 특히 생존자 치유를 위해 꼭 필요한 곳이다. 미국 오클라호마 연방 정부 청사 폭탄 테러의 희생자를 추모하기 위한 국립박물관과 추모공원 그리고 세계무역센터 테러 이후 건립된 그라운드 제로Ground Zero는 최근의 비극적 참사를 기억하고 추모하고 또 치유하는 공간으로 활용되고 있다. 향후 몇 세대에 걸쳐 그곳을 찾는 수많은 방문객에게는 그것이 무엇이 되었든 묵직한 메시지를 전달할 것이다.

우리나라에는 이름과 달리 거의 잊혀가는 공간이 하나 있다. 진도 팽목항 인근에 조성된 '기억의 숲'이다. 이 숲은 〈로마의 휴일〉에 출연했던 영화배우 오드리 헵번Audrey Hepburn의 아들 션 헵번 페러Sean Hepburn Ferrer의 제안으로 시작되어 화제를 모으기도 했다. 2016년 사회적기업 트리플래닛과 416 가족협의회가 온라인 모금을 통해 기금을 마련해 팽목항에서 4.16 킬로미터 떨어진 진도군 백동리 무궁화동산에 은행나무 숲을 조성했다. 지난 2월 지인이 보내온 사진에는 가지만 남은 은행나무에 노란 리본이 매달려있었다. 시간이 지날수록 나무는 더욱 자라고 노란 잎들은 풍성해질 것이다.

"갈수록 굳세어지는 나무들처럼 세월호가 기억되기를, 더 이상의 희생이 없기를 바랍니다."[10]

헵번의 후손들이 남긴 추모의 메시지를 빌려, 나도 이 공간

〈여성과 아이들(Women and Children)〉, 니나 베이어(Nina Beier), 2019

이 남은 자들에게 던지는 의미를 새겨본다. 기억은 취약하고 기록은 은폐된다. 하지만 숲은 간직하고, 자라고, 외친다. 사람들은 잊고 권력은 숨기는 동안, 이 기억의 숲은 끝까지 남아서 남은 자들에게 진실을 외치는 역할을 해주길 바란다.

공감의 언어

교회가 슬픔을 대하는 방식을 생각한다. 2014년 4월 16일, 세월호가 물에 가라앉았을 때. 2022년 10월 29일, 백 명이 넘는 사람들이 이태원 좁은 골목에서 선 채로 목숨을 잃었을 때. 우리가 애도의 길을 찾지 못해 방황하고 국가가 기본적인 책임마저 회피할 때, 진정한 애통과 공의의 도를 가르쳐야 했을 교회는 너무나 무기력하고 무관심하고 무책임해 보였다. 교회에 출석하는 성도 수의 변화 등을 토대로 코로나가 한국교회에 큰 타격을 줬다는 분석들이 지배적이다. 그러나 고난 가운데 생겨나고 그 속에서 존재 이유가 오히려 선명해졌던 교회의 역사를 생각하면, 코로나로 교회들이 타격을 입었다는 표현은 모순처럼 들린다. 코로나가 가져온 환경 자체보다도 그 기간 보여준 공감 능력 상실, 공감의 언어 상실 그 자체가 교회의 위기 아니었던가.

톰 라이트Nicholas Thomas Wright가 묘사했듯 나사로의 죽음

앞에서 당신께 책임을 묻는 사람들에게 예수님은 그들을 책망하거나 회개를 촉구하는 대신 눈물을 흘리셨다. 심지어 그는 슬픔에 빠진 세상 속에서 교회의 첫 번째 부르심은 '우는 사람들 사이에 겸허히 자리를 잡는 것'[11]이라 말한다.

"이르시되 그를 어디 두었느냐 이르되 주여 와서 보옵소서 하니 예수께서 눈물을 흘리시더라"(요한복음 11:34-35)

하지만 교회는 우는 자들과 함께 울지 않는 무심함으로 고통과 슬픔에서 자기를 분리하는 이기심으로 스스로를 가두는 담을 쌓아왔다. 그 담에 갇혀있는 동안 교회의 언어는 갈라파고스에 고립된 생물들이 독특한 모양으로 진화된 것처럼 세상과 소통할 수 없는 기묘한 개념들을 발전시켜왔다. 종교 언어만 무성한 어떤 내용은 교회를 오래 다니지 않았다면 도무지 알아들을 수 없는 것들이 많다. 교회의 언어는 시대의 아픔에 공감할 뿐 아니라 재미를 넘어선 기쁨을 묘사할 수 있어야 하고 미학과 철학과 과학이 향연을 펼칠 수 있어야 한다. 성경은 이런 언어들로 차고 넘치는데 언제부터인가 우리 종교는 이 모든 언어를 특히 공감의 언어를 상실했다.

소록도의 정원을 좋아했던 아이는 훗날 영어 한마디 못 하면서 축구공 하나로 많은 친구를 사귀었고 그의 누나는 빈 종이에 스케치하면서 친구를 얻었다. 아이들은 영어는 못해도 공감의 언어를 구사할 줄 알았다. 이 아이들이 교회를 새롭게 하고 그동안 교회가 상실했던 언어를 회복해주길 기도한다. 그런 날이 오기까지 나도 우는 사람들 사이에 자리를 잡는 법을 배워가고자 한다. 아름다운 정원이 슬픔을 외면하거나 가리지 않고 있는 모습 그대로 품어내는 걸 보면서 공감의 언어를 하나씩 익혀가고자 한다.

경계의 정원

Revival, Restoration, Resilience, Reconciliation

백만 송이 수선화로 시작된 봄날의 꽃 잔치는 진달래, 철쭉, 만병초가 가득한 아젤리아 가든으로 이어지고, 그 꽃들이 시들해질 즈음에는 벚꽃 계곡에 줄지어 선 백 년생 벚나무들이 화사한 꽃망울을 터뜨리며 사람들을 불러 모은다. 봄비에 떨어진 벚꽃 잎이 소복하게 계곡을 덮을 때면, 라일락 컬렉션에서는 수백 그루의 라일락 꽃나무들이 진한 향기로 온 정원을 사로잡는다. 숨 가쁘게 이어져 온 꽃 잔치의 절정은 단연 6월의 장미. 그늘 한 점 없는 장미 정원은 식물원에서 제일 더운 곳이지만 장미의 유혹을 뿌리칠 수 있는 사람이 몇이나 될까? 역사도 사연도 다양한 수백 종의 장미들은 이맘때 본격적으로 꽃망울을 터뜨리기 시작해 길게는 11월까지 우아한 자태를 뽐낸다.

꽃나무들의 향연이 이어지는 동안 우리가 주로 야생화라고 부르는 초본류 식물들은 일찌감치 꽃을 떨구었고 빠른 것들은 벌써 씨앗을 맺기 시작한다. 크로커스, 수선화, 튤립 등 이른 봄

6월의 뉴욕식물원 장미 정원

에 꽃을 피우는 대부분의 알뿌리 식물들은 어느새 내년에 쓸 양분을 알뿌리에 비축해놓고는 이미 깊은 여름잠에 들어갔다. 수많은 꽃으로 온 숲을 파스텔 톤으로 채색했던 단풍나무, 자작나무, 느릅나무 등의 교목들도 수분을 끝낸 암꽃에서 씨앗을 맺기 시작했다. 이맘때의 숲이 짙은 초록으로 변해가는 이유는 나무들의 성장주기와 깊은 관계가 있다. 그늘이 짙어지기 전에 봄날의 햇빛을 충분히 활용한 꽃들은 점점 자취를 감추고 풀과 나무들은 풍성한 잎을 내며 본격적으로 광합성에 돌입한다. 여름날의 강한 햇살을 받아 성장에 필요한 에너지를 비축하는 소리 없는 전쟁이다. 정오의 태양이 정수리에 따갑게 내려앉는 시기에 식물원도 이른바 '비수기'에 접어드는데 이 시기에 놓치지 말아야 할 가장 매력적인 장소가 있으니 바로 숲 정원이다.

숲 정원의 부상

숲 정원은 19세기 전후 영국에서 시작되었다는 견해가 일반적이지만 그 기원은 이집트와 근동, 인도와 중국 등 고대 문명의 발상지까지 거슬러 올라간다. 자연과의 조화를 중시했던 우리나라 전통 정원들도 숲을 정원의 일부로 끌어들인 경우가 많았다. 최근에는 정원의 생태적 가치에 대한 인식이 높아지고 자연주의 정원이 큰 흐름을 만들면서 이런 유형의 정원이 새롭게 주목받고 있다. 숲 정원의 개념을 탄탄하게 정립하기 위한 연구들과 더불어 여기에 적합한 식물들을 선정하기 위한 시도들도 활발하게 진행 중이다.

나도 우리나라 조경가들과 함께 숲 정원 연구 모임에 1년 가까이 참여했다. 우리의 가장 큰 고민과 관심사는 숲 정원의 식물 목록에 어떻게 더 다양한 초본류를 보탤 수 있는가였다. 우리나라에서는 숲 정원이라는 개념도 생소하거니와 숲 관련 정책과 연구들이 목본류 즉 나무에 치중되었기 때문이다. 북미 지역의 숲 정원에서는 우리나라에서 자생하는 숲속 식물들을 많이 볼 수 있는데 뉴욕식물원의 경우 다양한 종류의 고사리를 포함해 우산나물, 삼지구엽초, 곰취 등이 식재되어있고 캐나다의 몬트리올 식물원에서는 그늘진 숲 길가에 머위를 심은 예도 있다. 이런 식물들은 우리나라에서 '나물'로 알려져 있고 개중에 꽃이 예뻐서 관상 가치가 높은 것들도 '야생화'의 범주에 넣다 보니 정원 식물로 시도하거나 활용하기까지는 가용성과 난이도에 관한 인식의 장벽이 있는 듯하다.

산이 많은 우리나라에서 숲 정원이 새로운 개념이라는 사실도 놀랍지만 우리 인식 속에서 정원은 문명의 범주에 들어가 있었기 때문에 숲과 정원의 합성어는 다소 어색하게 들린다.

뉴욕식물원의 아젤리아 가든은 전형적인 숲 정원의 조건을 갖추었다. 키 큰 나무(교목) 아래는 풍년화, 산딸나무, 철쭉, 수국 등 소교목과 관목이 자리잡았고, 비비추, 풍지초, 고사리, 우산나물, 삼지구엽초 등 초본류가 숲 바닥을 촘촘하게 채우고 있다.

게다가 숲을 누리는 우리의 감수성은 아직 일차원적이다. 메타세쿼이아 숲길을 걸으며 운치를 즐기거나 피톤치드 가득한 편백나무 숲에서 치유의 시간을 보내는 것은 즐거운 일이다. 그러나 단일 수종에 한정된 숲이 아닌 식생의 다양함과 조화로움이 가득한 숲의 매력에 눈이 뜨이면 숲 정원 산책은 벚꽃길이나 장미 정원에서 경험하지 못한 감동과 즐거움을 얻는 기회가 된다. 큰 나무부터 작은 나무까지 층위 구조가 잘 구현되어있을 뿐 아니라 하부 식생이 다양한 초본류로 채워진 숲 정원은 봄날의 라일락 화원이나 장미 정원에서 경험하기 어려운 감동을 선사한다.

다양한 식물들이 자리를 잡아 가면서 한 지역의 식생이 안정화되는 과정을 천이遷移라고 하는데 이 기나긴 여정의 끝은 대개 울창하고 아름다운 숲이다. 이 숲은 전형적인 층위 구조를 보이다. 층위 구조란 성숙한 숲에서 나타나는 수목의 크기에 따른 계층 구조인데 가장 높은 곳에는 느릅나무, 참나무류, 백합나무 등 20-30미터에 이르는 교목들이 숲의 윤곽을 형성하고, 그 아래 그늘진 곳에는 생강나무, 단풍나무, 산딸나무 등 3-7미터 높이의 소교목 또는 아교목이 자리를 잡는다. 지면과 가까운 곳에는 진달래 등 2미터 이내의 관목들이 무성하고 맨 아래는 각종 지피식물들이 담요처럼 흙을 덮는다. 수백 년 또는 수천 년의 세월을 통해 최적의 생태적 안정성에 다다른 숲을 극상림極相林이라 부르는데, 이런 숲속에는 다양한 식물들이 햇빛과 공간을 나눠 쓰기에 가장 최적화된 모습으로 어울리며 자라고 있다. 또한 고도의 생태 다양성을 보이며 공기를 정화하고 가뭄과 홍수를 예방하는 기능적 측면도 뛰어나다. 숲 정원을 만든다는 것은 이런 생태적 조화와 균형까지도 복원해내야 한다는 것을 의미하기 때문에 여간 어려운 일이 아니다.

경계의 정원

내가 숲 정원에 관심 갖게 된 이유는 그 속에 내재된 심미적, 생태적, 기능적 가치뿐 아니라, 화단과 동의어였던 정원의 의미를 확장하는 데 크게 기여하기 때문이다. 오랜 기간 정원은 문명의 일부로 간주되어왔다. 고대 근동 지역에서 발원한 정원을 묘사한 그림들을 보면 잘 개간된 부지와 관개수로 그리고 다른 대륙에서 도입된 이국적인 식물들이 부각되었다. 제국의 왕실에 속한 정원들은 그 규모와 형식이 곧 권력의 크기를 상징할 만큼 압도적인 분위기다. 근대의 정원 축제에서는 수만 제곱미터의 광활한 부지를 화려한 패턴으로 수놓은 화단들이 주목받았다. 우리나라의 경우 아파트가 고급화되면서 조경의 중요성이 드러났고, 아파트마다 석가산石假

숲은 멀리서 보면 거대한 초록 덩어리 같지만, 안에서 살펴보면 수많은 식물들이 햇빛과 공간을 공유하기에 최적화된 방식으로 자라고 있는 모습을 볼 수 있다. 층위 구조가잘 드러난 뉴욕식물원의 숲.

山이 세워지고 폭포가 쏟아지기 시작했다. 자연을 동경하면서도 소유를 통해 그것을 향유하고자 했던 시도들이 정원 문화의 주류를 형성해왔다. 이렇듯 우리가 문명을 일으켜온 방식 속에서 정원이 존재해왔다.

하지만 그것으로 채워지지 않은 목마름 때문이었을까. 19세기 전후 영국에서 발원한 자연주의 정원의 명맥이 현재까지 흘러오다가 근래 들어 숲 정원을 포함한 자연주의 정원이 다시 주목받는다. 정원을 만드는 사람들에게는 문명 속에 어떻게 자연을 구현할 것인가에 대한 기술적인 문제들도 큰 도전이었으나 근본적으로는 정원의 개념에 대한 인식의 장벽을 극복하는 것이 큰 과제였다. 정원의 의미를 문명 일부로 한정시켜놓고 자연과 문명 사이에 굵은 선을 그어놓은 상태로는 진정한 의미의 자연주의 정원을 구현하기도 감상하기도 어렵기 때문이다. 삼지구엽초와 우산나물, 곰취와 머위를 정원에 들여놓기 위해서 우리는 그 식물들이 '나물' 또는 '약초'라는 인식의 한계를 넘어야 한다.

나는 정원을 자연과 문명의 경계라고 정의해왔다. 자연주의 정원에 관심을 갖게 되고 숲 정원 연구에 참여하면서 정원의 의미에 깊이를 더할 수 있어서 반가웠다. 문명에 종속되어 있던 정원이 문명의 가장자리로 문명과 자연의 경계로 뻗어나가는 모습이 즐거웠고, 자연과 문명의 충돌로 긴장과 갈등이 고조된 그 경계에서 정원이 치유와 화해를 위한 공간으로 자리 잡는 모습이 기뻤다. 무엇보다 정원의 언어로 경계의 의미를 이야기할 수 있어서 반가웠다.

경계는 일차원적인 선線으로 인식되기 쉽지만 사실 경계는 하나의 공간이자 시간과 의미로 가득한 다차원적인 세계다. 마치 결혼과 같다. 두 인격체가 하나의 가정을 이루는 과정에는 이질적인 두 세계의 충돌이 수반된다. 서로 다른 성장 환경, 가치관, 기호와 성향, 기질, 때로는 양가 부모들의 간섭과 통제가 개입되면서 긴장과 갈등은 증폭된다. 하지만 역설적으로 두 세계의 충돌로 긴장과 갈등이 가득한 가정에서 새로운 생명이 탄생하고 새로운 세대가 형성된다. 이처럼 경계는 생명력이 가장 왕성한 곳이다. 남북이 반세기 넘게 대치하고 있는 비무장지대는 한반도에서 생태적 다양성이 고도화된 곳 중 하나로 알려졌다. 강물과 바다가 만나는 기수역汽水域에는 담수와 염수 생태가 혼재되어 독특한 수중 생태계를 이루고 한류와 난류가 만나는 곳은 어족 자원이 풍부하다. 이렇듯 자연에서 형성된 경계는 긴장과 갈등 속에서 오히려 생명력이 충만해지는 공간이다. 하지만 멕시코와의 국경에 미국이 세운 장벽에서 보듯 사람이 만든 일차원의 경계선에서는 분열과 파괴가 일어나고 있다.

자신을 경계인이라 소개하는 사람들을 종종 접한다. 이도 저도 아닌 삶에 대한 회한도 담겨있고 어느 쪽에도 끼지 못하는 소외감이 느껴질 때도 있다. 어느 체제에도 종속되지 않겠다는 결기가 느껴지기도 한다. 어떤 의미로 자신을 경계인이라 표현했든지 간에 나는 그런 사람들이 반갑게 느껴지고 좀 더 이야기를 듣고 싶기도 하다. 경계에 선 자신을 인식한다는 것은 꽤 깊은 수준의 성찰이다. 경계를 살아갈 준비가 시작되었다는 뜻이기 때문이다. 경계에 선다는 것은 무슨 뜻일까. 오래전 강의에서 승효상 건축가는 팔레스타인 출신 평론가 에드워드 사이드Edward W. Said의 글을 인용해서 지성인은 자신을 경계 밖으로 끊임없이 추방하는 사람이라고 정의했다. 이 말은 에드워드 사이드가 『권력과 지성인』에서 소개한 지성인의 역사적, 철학적 의미에 관한 깊은 고찰들을 한마디로 압축한 표현이다. 사이드는 "진정한 지성인들은 애국적 민족주의와 집단적 사고 그리고 계급, 인종, 성적인 특권 의식에 의문을 제기하는 사람들"[12]이며, "관습적인 논리에 반응하지 않고, 모험적 용기의 대담성에, 변화를 재현하는 것에 가만히 서 있는 것이 아니라 움직이는 것에 반응한다."[13]고 설명한다. 나아가 프랑스 철학자 줄리앙 방다Julien Benda를 인용해 진정한 지성인들은 자신의 행위가 본질적으로 현실적 목적 추구에 있지 않은 자들로서, 예술, 학문, 또는 형이상학적 사색의 실천에서 즐거움을 추구하는 모든 사람으로서 요컨대 비물질적인 이익을 소유하는 것에서 즐거움을 찾고 따라서 어떤 의미에서 "나의 왕국은 이 세상에 있지 않다"라고 말함으로써 즐거움을 얻는 자들이라 말한다.

그러므로 경계를 산다는 것은 갈등과 긴장의 현장으로 파고드는 것을, 상처받을 위험을 감수하는 것을 뜻한다. 단번에 예수 그리스도를 떠올리게 한다. 예수는 늘 경계에서 살았다. 삶과 죽음의 경계, 성과 속의 경계, 유대와 이방의 경계, 예루살렘 성 안팎의 경계에서 예수는 사람들을 만나고, 치유하고, 토론하고, 싸우고, 죽고, 살아났다. 경계를 살면서 겪은 고난과 고초 속에서 오히려 그는 생명의 능력을 우리에게 되돌려주었다. 반대로 예수를 대적했던 유대인 지도자들은 높은 담을 쌓고 가장 안쪽의 가장 안전한 곳에서 안정을 누리고자 했다.

어떤 교회는 예수의 길을, 어떤 교회는 반대의 길을 간다. 교회의 실패는 거의 전부가 외부의 도전이 아니라 내부의 문제에서 비롯되는 것 같다. 경계에 살기를 거절하고 가장 높은 곳, 가장 중심적인 곳, 가장 안전한 곳에 머물기를 결정했기 때문이다. 교회들은 왜 그렇게 안전한 곳을 선택했을까. 가인이 아벨을 죽이고 성을 쌓기 시작한 데서 도시의 기원을 찾는다는 어느 철학자의 말을 기억해본다. 교회는 정말로 가인의 정신을 따랐던 걸까. 세상으로 나갈 자신이 없어서, 보복의 두려움과 죄책감 때문에, 가진 그 무엇을 지키기 위해서 성을 쌓듯 건물을 올리고 제도를 강화했던 걸까. 반대로 세상 속으로 걸어들어간 교회들, 가난해지길 두려워하지 않은 교회들, 중심보다 주변에 머무르길 결정한 교회들의 이야기는 성도의 삶이 경계에 선 삶임을 잘 보여주는 것 같다. 나는 예수께서 그들이 선 경계에 함께 계신다고 믿는다.

우리들의 많은 교회가 경계에 사는 법을 다시금 훈련해야 할 때가 아닌가 싶다. 이 도전은 내가 출석하고 있는 교회가 마주한 것이기도 하다. 50년 역사의 이민 교회로서, 이 교회는 지역에 뿌리를 내리고 지역 공동체에 스며들어야 한다는 공동체적 부르심 앞에 서 있다. 이민 1세대들에게 언어와 문화의 차이는 넘기 힘든 장벽이다. 이웃은 고사하고, 우리말보다 영어가 익숙한 자녀 세대들과의 소통과 교감도 큰 도전이다. 이 견고한 장벽을 허물고, 선線으로서의 경계를 넘어 다양성이 충만하고 생명력이 넘치는 공간으로서의 경계에 서기 위해 우리는 어떻게 변해야 할지 고심하는 중이다.

얼마 전 우리 교회 선교부 산하에 새로 출범한 선교조사팀에서 강연회를 열었다. 초청된 강사는 교회와 이웃한 뉴욕주의 유서 깊은 도시 트로이에서 한국 음식점 '선희네 부엌'과 유기농 농장을 경영하며 6년째 난민 지원 사역을 해오고 있는 안지나 대표였다. 그녀는 세 가지 사명 선언을 제시했다. 첫째 건강한 음식 문화의 보존과 보급, 둘째 지역 공동체의 연대, 끝으로 이민자와 난민 정착 지원이다. 교회에서 이분을 초청한 이유는 바로 난민 사역에 좀 더 관여하기 위해서다. 이곳은 뉴욕 등 대 도시에 비해 치안과 교육 여건이 좋고 주거 비용도 비교적 저렴해서 해마다 유입되는 난민의 수가 갈수록 늘어나고 있다. 안 대표는 오랫동안 난민들을 위해 영어 수업을 개설하고 주거, 의료, 직업 개발 등을 도왔는데 그들이 정착하는 데 큰 걸림돌 중 하나가 비자와 영주권 문제라는 걸 깨달았다고 한다. 이와 관련된 법률 서비스는 비용도 비용이지만 서비스를 받기 위해서 1-2년을 기다리는 일이 다반사라고 했다. 결국 안 대표는 이를 위해 뉴욕 주립대 로스쿨에 진학했고 졸업을 한 학기 남겨두고 있다. '선희네 부엌'과 어떻게 협력할 수 있을지 모르지만 이런 모색의 과정은 우리 교회가 '한인교회' 정체성을 넘어 '지역교회'로 뿌리를 내리는 과정이자 경계를 사는 훈련의 과정이라 생각한다.

교회 동쪽에는 이웃의 주택가 사이에 작은 숲이 하나 있다. 아이들이 나뭇가지를 엮어 요새도 만들고, 나무 사이 오솔길로 뛰어다니며 술래잡기도 하던 숲이었다. 가르쳐주지 않아도 우리가 어린 시절에 놀던 모습 그대로 숲을 즐기는 모습이 보기 좋았다. 팬데믹 기간, 아이들도 찾지 않는 숲은 더없이 적막했고 낙엽과 정원 폐기물이 쌓여가면서 황폐해졌다. 허리케인 와중에 큰 나무 몇 그루가 넘어가면서 이웃집 울타리가 파손되었다. 울타리를 복구하고 서둘러 업체를 불러 위험해 보이는 나무 일곱 그루를 잘랐다. 대개 이렇게 교란이 일어난 숲은 외래 식물들에 의해 빠르게 잠식된다. 토종 식생이 파괴되고 몇 종류의 침입종 식물들이 숲 하부 식생을 장악한다. 이 숲을 돌아볼 때마다 성경 속에 묘사된 버려져 황폐한 땅의 모습이 실물로 드러난 것 같아 마음이 아팠다. 그리고 이 숲이 이웃에게 민폐로, 동네의 흉물로, 그리고 성경 속 '황폐한 땅'의 상징으로 남아있는 것이 마음 아팠다. 식생을 조사하고 활용 방안을 구상하기 위해 이 숲을 거니는 동안 마음속에 부흥Revival, 회복Restoration, 견고함Resilience, 화해Reconciliation 같은 단어들이 떠올랐다. 그리고 아름다운 숲 정원이 그려졌다. 이곳에 토종 식생이 잘 구현된 자생 식물 정원이 만들어진다면, 이웃의 어린아이들이 통나무를 굴리며 노는 정원이 만들어진다면, 가끔 이웃을 초청해 음악회를 여는 숲 속 무대가 만들어진다면, 황폐해진 지구를 향해 죄책감과 절망감으로 무거워진 마음을 위로하는 영성의 공간이 만들어진다면… 그렇게 된다면, 이 숲은 교회와 이웃의 경계로서, 생명력이 넘치는 다차원의 공간으로서, 또 경계를 사는 그리스도인의 상징으로서 충분한 역할을 할 수 있겠다는 생각이 들었다. 이 숲을 복원할 계획을 '프로젝트 R'이라고 이름 붙였다. 먼 길이지만 오늘도 이 숲을 한 발 한 발 걸으며 꿈을 심고 기도를 심는다.

인내의 정원

창조주가 지으신 그대로

한여름은 식물원의 비수기다. 후끈 달아오른 콘크리트블록을 걸으며 온통 초록으로 덮인 정원을 바라보는 일은 고역에 가깝다. 이런 날은 식물들도 생기가 없고 축 처지기 일쑤다. 작고 여린 식물들에게 7-8월의 폭염은 큰 시련이다. 정원사들에게도 여름이 가혹하기는 마찬가지다. 물 주기로 하루를 시작하면서 식물과 토양의 상태를 점검하는 것은 중요한 일과 중 하나다. 퇴근 후에도 대여섯 시간은 해가 떠 있어서 일과를 마치기 전 호스를 들고 담당 구역을 한 번 더 점검하는 일 역시 빼놓을 수 없다.

식물원 내 수목원들과 주제 정원들은 '컬렉션'이라고 부르는데 같은 식물들이 계속 자라는 곳이다. 반면 기획 전시가 이루어지는 부지는 매년 새로 정원을 조성한다. '디스플레이 가든'이라는 이름에 맞게, 매년 정해지는 주제에 따라 수백 종의 식물을 사용하여 화려하고 다채로운 형식으로 정원을 조성한다. 정원을 조성하는 데 필요한 식물들을 준비하는 일도 쉽지 않지만 디자인에 따라 식물을 심고 가꾸는 일도 만만찮다. 식물 종류에 따라 서식 환경을 잘 맞춘 컬렉션 정원들과는 달리, 디스플레이 가든에서는 원산지와 서식 환경이 서로 다른 수백 종의 식물이 각자 매력을 뽐낼 수 있도록 돌봐야 한다. 이 도전적인 과제의 시작과 끝은 단연 물을 잘 주는 일이다. 특히, 바닥이 온통 콘크리트 벽돌로 깔린 데다 온실 벽에서 반사되는 햇빛이 더해지는 컨서버토리 중정Courtyard, 커다란 화분이 많은 숙근초 정원Perennial Garden 등은 물 주기 작업이 까다롭기로 유명한 곳이다. 그 외에도 전시 온실인 컨서버토리에서도 방문객들이 몰려오는 식물원 개방 시간 전에 물 주기를 마치기 위해 매일 전쟁이 벌어진다.

뜨거운 지구, 목마른 정원

이 어마어마한 양의 물은 대부분 수도를 통해 공급된다. 뉴욕주는 강수량도 적지 않고 빙하시대에 형성된 호수가 많아 물이 풍부한 편이다. 물 값이 상대적으로 저렴하니 가능한 일이지만 식물원 내부에서도 수돗물을 사용하는 데 문제의식이 많은 편이다. 반면, 미국 서부로 갈수록 형편이 크게 달라진다. 최근 몇 년간 극심한 가뭄에 시달렸던 캘리포니아주 일부 지역에서는 푸른 잔디를 가꾸는 것이 대단히 호사스러운 일이 되었다. 주택 정원 등 야외용 수돗물 사용이 주 1회로 제한되었고, 잔디를 걷어내고 가뭄에 강한 식물로 대체하는 것을 장려하기 위해 주 정부에서 보조금을 지급하기 시작했다. 사막 위 엔터테인먼트 왕국이라 불리는 네바다주 라스베이거스에서는 일반 주택에서 규정 면적을 초과한 잔디는 걷어내도록 강제하고 있으며, 새로 집을 짓는 경우 잔디를 깔거나 스프링클러를 설치하는 것이 아예 금지되었다. 2027년까지 기존에 있던 잔디도 모두 제거해야 한다.

조경업계는 이런 변화에 발 빠르게 대응해왔고 물 수요가 적으면서도 아름다운 식물들로 조경을 디자인하는 내건성 조경Xeriscaping이 빠르게 확산되고 있다. 미국 중서부 식물원들은 일찍부터 건조 정원Dry Garden과 암석원Rock Garden 등을 조성해 방문객들에게 고산지대와 건조지대의 내건성 식물들을 소개하고 있다. 로키산맥 동부 건조 지대에 위치한 콜로라도주 덴버 식물원에서는 건조한 지역에 서식하는 식물들로 시험 정원Test Garden을 운영하면서 새로운 정원 식물을 발굴하고 있다.

가뭄이 걱정인 곳이 있는가 하면 집중호우로 피해입는 곳도 많다. 2022년 서울 동작구에서는 기상 관측 이래 가장 많은

뉴욕식물원 컨서버토리 중정에 조성된 디스플레이 가든에는 하루에 두 번 물을 준다.

비가 내렸다. 강남역 인근 지역에서는 매년 침수 피해 소식이 들린다. 이 폭우가 기후변화의 영향인지는 과학적인 검증이 필요하겠지만 빗물을 감당하는 것이 도시의 중요한 기능 중 하나로 떠오르는 것은 분명하다. 미국에서는 상가나 학교 부지 또는 고속도로 중앙 녹지에 빗물 정원이 늘어나고 있다. 빗물 정원은 젖은 흙에 강하면서도 비가 그친 후 땅이 메말랐을 때도 잘 견딜 수 있는 식물들로 채워진다. 이 정원은 빗물을 가두어 땅속으로 스며들도록 저수지 역할을 하면서 다른 저지대에서 발생할 침수 피해를 예방하는 동시에 벌과 나비를 포함한 야생생물들의 서식처가 되기도 한다.

2022년 큰 홍수로 국토의 3분의 1이 잠긴 파키스탄이나 해마다 침수 피해를 겪는 서울의 반지하 가구처럼 이상기후로 인한 자연재해는 가난한 사람들에게 더 가혹하다. 미국의 대도시도 예외는 아니다. 디트로이트는 한때 미국 자동차 산업의 메카로서 크게 번성했던 도시였으나 제조업이 사양화되면서 지금은 녹슨 생산 설비들이 흉물처럼 서 있는 이른바 러스트 벨트의 상징이 되었다. 굴지의 자동차 회사였던 제너럴 모터스와 포드의 본사를 두고 미국에서 가장 번성했던 이 도시는 남부 지역 흑인 노동자들에게 매력적인 일자리를 제공했다. 그러나 생산 시설 세계화와 제조업 침체의 여파로 2013년 이 도시는 파산을 선언했고 노동자들은 도시 빈민으로 남았다. 후기 산업 사회의 짙은 그늘이 드리워진 이곳은 미국 내 인구 50만 명 이상 대도시 중 가장 범죄율이 높은 곳이며 빈집들이 흉물스럽게 방치된 주택가는 치안과 위생 문제가 심각하다. 그리고 서울의 취약 지구와 마찬가지로 비가 올 때마다 침수 피해가 빈번하다.

희망의 언어가 된 정원

그 어두운 도시에 희망의 물결을 일으켜온 사람들이 있다. '디트로이트 퓨처 시티Detroit Future City'라는 비영리 공익단체이다. 주거 환경 개선과 도시 공동체 회복을 지향하는 이 단체는 자칫 선언적 구호에 그칠 수 있는 중장기 목표를 대단히 구체적이고 현실적인 방법을 통해 하나하나 실천해나가고 있다. 그중 하나는 열악한 구도심 주택을 개선할 수 있는 저예산 정원 디자인 시안을 만들어 배포하는 일이다. 비용이 거의 들지 않는 주택용 프로젝트부터 근린공원 복원 등 비교적 큰 규모의 프로젝트까지 그들이 무상으로 제공하는 설계 도면은 실로 다양하다. 특히, 디자인 템플릿 중에는 빗물 정원이 많다. 여름철 소나기로 빈번하게 침수되는 주택들과 버려진 공터의 물웅덩이, 그리고 말라리아와 지

캐나다 몬트리올 식물원의 고산 정원(Alpine Garden)에 피어 있는 데이지의 한 종류
(*Thymophylla tenuiloba*). 멕시코의 건조한 지역에서 자생하는 식물이다.

카 바이러스를 옮기는 모기가 번식하는 곳에서 빗물 정원은 큰 효과를 발휘한다.

물 없는 곳에서나 물이 넘쳐나는 곳에서나 정원사들은 식물에서 답을 찾는다. 기후변화와 환경 파괴를 일으키는 우리의 생활양식을 성토하며 절망감과 죄책감을 짐 지우는 대신 정원사들은 '식물은 답을 알고 있다'는 믿음을 전파한다. 열대우림에서 자라는 화려한 외래 식물로 치장했던 라스베이거스 정원들은 이제 미국의 건조지역에서 자생하던 선인장과 다육식물들로 채워지고 있다. 프레리Prairie라고 불리는 미국 중부 광활한 초지에 자생하던 천인국Echinacea sp.과 리아트리스Liatris sp., 쥐꼬리새풀속Sporobolus heterolepis을 포함한 다양한 그라스류[14]들은 빗물 정원의 중요한 소재가 되고 있을 뿐 아니라, 시카고의 루리 가든Lurie Garden과 뉴욕의 하이라인처럼 이름난 도시 정원에 자연미를 더하고 있다. 자연의 서식처를 정원에 옮겨놓았을 때 정원이 심미적으로, 기능적으로, 생태적으로 가장 뛰어날 수 있다는 믿음이 확산되면서 비로소 문명은 자연과 화해하는 법을 배워가는 듯하다.

정원이 식물의 서식처라는 사상을 이론과 실증으로 세상에 알린 인물로 독일의 조경가 리하르트 한젠을 꼽는다. 정원 환경에 맞는 적합한 식물을 찾기 위해서는 유사한 환경의 자연에서 서식하는 식물을 참고해야 한다는 그의 사상은 좁게는 '적합한 식물을 적합한 장소에Right Plant, Right Place'라는 정원 식재의 제1원리를 제시했고 넓게는 기후변화가 가져오는 극단적 환경 속 정원이 추구해야 할 방향을 제시했다. 자연 상태의 식물들은 오랜 세월 서식 환경에 적응해왔다. 식물 형태학적, 생리학적 특징들을 살펴보면 자생지의 환경적 특성을 그대로 반영하고 있다는 사실을 알 수 있다. 식물을 공부하다보면 비 한방울 내리지 않는 사막에서도, 늘 물에 잠겨있는 습지에서도, 들불이 쓸고 지나가는 평원에서도 생명을 이어가는 신비가 조금씩 이해되기 시작한다.

인내의 정원   정원이 자연을 닮아가면서 나타나는 변화 중 하나는 강인하면서도 아름다워진다는 점이다. 서식 환경과는 무관한 외래 식물들로 화려하게 장식했던, 소유와 과시의 수단이었던 전통적인 정원에서 발견하기 어려웠던 특징이다. 이것을 표현하기에 가장 적합한 단어가 회복탄력성resilience이다. 이 말은 자기계발 분야에서 기업 경영에 이르기까지 위기를 극복하고 문제를 해결하는 원리로서 중요한 키워드로 자리 잡아왔다. 기후 위기가 화두로 떠오르면서 조경업계에서도

뉴욕식물원의 자생식물정원(Native Plant Garden)에 식재된 박주가리과의 자관백미꽃 (Asclepias incarnata)은 미국의 초지에서 자생하며 빗물 정원 소재로 활용된다. 북미 자 생 제왕나비(Monarch Butterfly) 애벌레의 중요한 먹이원으로 생태적으로도 중요한 식 물이다.

가장 중요한 개념으로 부각되고 있다. 건조 정원과 빗물 정원 등도 이 개념에 모두 포함되는 방식들이다. 너무 상업적인 목적으로 활용되어온 느낌 때문에 개인적으로 회복탄력성이라는 단어를 좋아하지는 않는다. 대신, 가장 넓고 깊은 의미로 '인내'라는 단어를 쓰고 싶다. 회복탄력성이라는 기술적인 정의도 좋지만 '오래 참음', '견고함', '저항', '한결같음'과 같은 말처럼 직관적이면서도 해석의 여지가 깊은 개념들을 한데 모아놓은 말로 인내를 사용하고 싶다.

인내resilience는 존재의 목적을 향해 거침없이 가는 것이다. 식물에게 인내란 메마른 바위틈에서, 물에 잠긴 습지에서, 들불 번지는 평원에서, 가뭄과 홍수와 산불을 견디며, 쓰러지지 않고 죽지 않고 살아남는 것이다. 그리고 후손을 남겨서 이 땅의 생태계를 '창조주가 지으신 그대로' 지켜내는 일이다. 자연주의 정원가들이 주목하는 식물들이 보이는 삶의 방식은 인내 그 자체다. 앞서 소개한 리하르트 한젠 교수는 수백 종의 숙근초, 즉 다년생 초본류를 거의 50년간 연구하면서 서식처 개념을 정립했는데, 그가 묘사하는 식물들의 삶이 그렇다. 뿌리의 깊이에 놀라고, 곁가지를 뻗어 번식해나가는 방식이 신비하고, 추위와 목마름을 견디는 강인함에 경외감이 든다.

물이 귀한 로스앤젤레스와 라스베이거스의 건조 정원이나

도심의 빗물 정원 이전부터 식물의 강인함을 미학적으로 구현한 사례는 다양하다. 천 년이 넘는 역사를 간직한 부여의 궁남지는 대표적인 수생 정원이며 암석원은 바위산이 많은 우리나라 사람들에게도 정서적으로 호소력을 가진 정원의 유형이다.

하지만 인내의 의미를 가장 강력하게 전달하는 정원은 폐허 정원이다. 잘 알려진 곳으로는 도시에 식수를 공급하던 정수장 흔적을 그대로 두고 생태 공원으로 조성된 선유도공원을 꼽는다. 자연주의 정원가 김봉찬 대표가 만든 제주 '베케' 정원에도 폐허 정원이 조성되었다. 철강 산업이 번성했던 미국 펜실베이니아에는 폐쇄된 제철소 건물을 그대로 보존한 도시 공원 '스틸 스택'이 유명하다. 세계 곳곳의 폐허 정원들이 던지는 일관된 주제는 문명은 필연적으로 폐허를 낳고 자연은 그것을 덮는다는 점이다.

자연은 이긴다. 이런 의미에서 폐허 정원의 진수로 꼽고 싶은 곳은 체르노빌이다. 원자력발전소 사고로 폐허가 된 옛 도시는 숲으로 덮였고 수달, 밍크, 흰꼬리수리, 붉은여우 등 원래부터 그 지역에 서식하던 야생동물들이 번성하며 급속하게 재자연화가 이루어지고 있다. 사람들은 방사능 수치를 언급하며 접근을 두려워하지만 자연은 문명이 낳은 폐허를 복원한다. 인내의 의미를 설명하는 데 이보다 더 강력한 사례가 어디 있을까? 무너진 건물 사이에 처음 싹을 틔운 그 식물의 힘은, 그리고 최악의 방사능 오염 지역을 야생동물 천국으로 만든 나무들의 힘은 어디서 나오는 것일까.

신은 우리에게 성경과 자연 두 권의 책을 주셨다는 말은 사도 바울의 기록[15]과 토마스 브라운 Thomas Browne[16]의 글을 통해서가 아니더라도, 우리에게 익숙해진 표현이다. 성경을 연구하는 신학도, 자연을 탐구하는 과학도 결국은 절대자를 향한 여정이다. 그 여정 동안 방향감각을 지켜내는 힘을 나는 '영성'이라고 정의한다. 자연을 닮아가는 정원을 바라본다. 홍수에 힘없이 쓸려가는 부자 동네의 수변 정원과 달리 디트로이트 빈민가의 빗물 정원은 기후와 환경의 변화를 견뎌낸다. 제초제와 살충제를 써서 말끔하게 단장하는 대신 자연스러운 풍경으로 들풀과 곤충을 환대한다. 물과 비료를 덜 소비하지만 해마다 풍성해져서 이웃에게 식물을 나눠주지 않으면 차고 넘쳐난다. 가뭄과 홍수를 견디고, 꽃을 피우고 열매를 맺어 다음 세대를 남긴다. 이 정원들 속에서 교회를 향한 사도들의 당부를 읽는다. 오래 참고, 견디고, 견고하고, 흔들리지 말고, 굳게 잡고…. 정원을 채운 식물의 가짓수만큼이나 다양한 표현들로 권면한다. 쓰러지지 말고, 죽지 말고, 물질 과잉의 허무와 결핍의 고통을 견디며 살아남으라고 한다. 폭우 속 급류에도 끝내 자리를 지키는 '인내의 정원' 속 숙근초처럼 깊이 뿌리내리라 한다.

인내의 힘은 어디에서 올까. 교회가, 교회인 성도가 존재의 뿌리를 내릴 곳은 어디일까. 어떤 이는 신학을 통해, 어떤 이는 공동체를 통해, 어떤 이는 사회운동을 통해 그렇게 하듯, 사유와 성찰을 통해서든, 회의懷疑와 토론을 통해서든, 노동을 통해서든 각자의 땅을 찾을 시간이다. 내가 찾은 땅은 성경이다. 나는 인내의 힘이 성경을 해석하는 힘과 관련 있다고 믿는다. 내가 경험한바 제도교회가 가장 소홀했던 것은 성도들에게 해석적 관점을 형성하도록 돕는 일이다.

언젠가 교회에서 이단 연구가인 현대종교 탁지원 소장의 강의를 들었다. 삶의 무게도 만만찮은 시절에 이단 교주들의 전횡에 삶이 피폐해진 사람들 모습은 보는 것만으로도 고통스러웠다. 이단 피해자들은 대부분 제도교회에서 무엇인가에 목말랐던 사람들이다. 성경을 해석하는 힘을 길러줬더라면, 쉬운 해갈을 선택하는 대신 깊이 뿌리를 내리고 가뭄과 홍수를 견딜 힘을 길러줬더라면… 강의를 듣는 내내 마음이 무거웠다. 그런데 마지막 슬라이드에 있던 고故 옥한흠 목사의 책 제목을 인용한 문구 하나가 마침표처럼 찍혔다. 강인하고 아름다운 정원들을 통해 나에게 계시啓示한 내용이 이것이구나, 하는 믿음이 생겼다.

"교회는 이긴다."

지역의 정원

기억하고, 드러내고, 품고, 치유한다

사람들은 피서를 여가 활동과 동의어로 사용한다. 정원사도 사람이니 무더위와 장마를 달가워하지는 않는다. 하지만 식물과 함께 살아가야 하는 직업을 갖고 이를 피할 수는 없는 노릇이다. 흙투성이와 땀범벅이 되어 하루 업무를 마치고도, 내가 맡지 않은 다른 정원 모습이 궁금해 발걸음을 재촉하는 방식으로 여름을 보낸다. 어떤 정원은 여름이 힘겹다. 그러나 자연을 닮은 이 정원은 여름을 이용하고, 즐기고, 이긴다. 이 정원은 한여름의 햇빛과 폭우와 바람이 무엇을 의미하는지 음미하는 공간이다. 여름을 살아내는 식물들 모습에서 "참 아름다워라"라는 찬송 가사를 비로소 이해할 수 있는 장소이다. 식물들로부터 나처럼 강인하고 아름답게 살아내라는 격려를 얻는 곳이다. 땀범벅에 흙투성이인 정원사에게 나를 닮으라는 당찬 주문을 던지는 이곳은 자연이 선택한 식물들의 정원, 뉴욕식물원 '자생식물정원Native Plant Garden'이다.

뉴욕식물원 자생식물정원의 8월 풍경. 우리나라에서 베르가못이라고도 불리는 모나르다(*Mornada fruticose*)와 서양미역취(*Solidago sp.*), 프레리 콘플라워(*Ratibida pinnata*)등이 어우러져 있다.

이곳은 이름 그대로 미국 동부에 자생하는 식물들로 꾸며졌다. 1만 4천 제곱미터약 4천 평의 넓지 않은 공간이지만 계류와 습지, 초원 지대와 우거진 숲 등 다양한 환경을 갖추었다. 십만 본 이상의 크고 작은 나무들과 야생화, 여러 종류의 그라스와 고사리, 수생식물들이 자연 상태와 비슷하게 서식처 환경이 조성된 공간에 심겼다. 물가에는 붓꽃과 벌레잡이식물인 사라세니아 *Sarracenia sp.* 등이 자라고 숲속에는 연영초와 공작고사리 등 그늘을 좋아하는 식물들이 빼곡하다. 미국 동부의 전형적인 초원을 그대로 옮겨놓은 듯한 메도우 정원[17]은 토양의 습도에 따라 계류에서 가까운 곳부터 습윤, 반건조, 건조 메도우로 구분하여 각 환경을 선호하는 야생화들로 채워졌다. 초보 정원사에게는 서식처별로 식물을 공부하기에 더없이 좋은 장소일 뿐 아니라, 인위적인 정원에서 보기 어려운 정경 때문에 많은 방문객에게도 사랑 받는 곳이다. 이 정원의 가장 큰 매력은 계절이 바뀔 때마다 새로워지는 풍경이다. 가을을 암시하는 색들로 가득한 8월이 지나면, 북미 동부에 자생하는 여러 종류의 들국화와 쥐꼬리새풀, 박주가릿과와 대극과 식물들이 깊고 고운 색을 뽐내며 절정을 이룬다. 가을과 겨울의 경계에서는 갈색의 아름다움이 심장까지 시리게 만들고, 한겨울에는 꽃대 위에 쌓인 하얀 눈과 빛나는 햇살의 조화가 일품이다.

자생식물의 세계를 처음 접한 곳은 강원도 평창 한국자생식물원이다. 연보랏빛 야생화가 끝없이 펼쳐진 들판이 너무도 인상적이었다. 결혼 1년 차 신혼부부에게는 추억에 남을 사진을 찍기에 더없이 좋은 '배경'이었다. 나중에야 그 꽃들이 벌개미취*Aster koraiensis*라는 사실을 알았다. 두 아이가 태어난 이후 환경과 생태에 깊이 관심 갖기 시작했지만 한동안 자생 식물에 대해서는 거의 아는 것이 없었다.

자생종을 향한 관심은 뜻밖에도 물고기에서 시작되었다. 아이들이 시냇물에서 잡은 물고기를 기르자고 해서 시작된 수조 꾸미기는 아이들이 물고기에게 무덤덤해진 후에도 오래도록 나의 취미로 남았다. 강물에서 행복했던 유년기 추억이 되살아나는 것이 좋았고 토종 물고기의 생태가 흥미진진하기도 했다. 동호회에 가입해 전문가들에게 배우기도 하고 물고기 도감을 사서 공부도 하면서 우리나라에 2백 종이 넘는 민물고기가 살고 있다는 사실을 알게 되었다. 아이들과 잡았던 물고기 중 묵납자루는 한강 수계에서, 칼납자루는 금강 수계에서 산다는 걸 배우고 나서야 아이들과 자주 찾았던 두 하천이 다른 수계임을 알았다. 금강 수계에서만 사는 감돌고기, 미호천과 그 지류에서만 사는 미호종개, 낙동강에서만 사는 여울마자, 이외에도 하천마다 고유한 자생종들이 살고 있다는 점이 신기했다.

서로 같은 계통의 물고기들이 물이 섞이지 않는 수계에서 유전적으로 서로 다른 형질을 지니고 살아간다는 사실은 피조 세계의 질서와 다양성과 아름다움에 관해 새로운 눈을 열어주었다. 한정된 지역에서만 서식하는 각 물고기들은 수계마다 새겨진 조물주의 시그니처라는 생각이 들었다.

그때의 경험 때문인지 지역의 고유한 생태를 존중하고 자생 식물을 많이 사용해서 정원을 만드는 것이 옳은 방법이라는 생각이 들었고, 그렇게 만들어진 정원들이 참 아름답다고 느꼈다. 자연주의 정원의 큰 흐름을 이끌고 있는 네덜란드 정원 디자이너 피트 아우돌프는 세계 곳곳에서 정원을 만들어왔는데, 처음 한두 해 동안은 그 지역 식생을 면밀히 살펴보는 것으로 잘 알려져있다. 세계적 명소가 된 시카고 루리가든과 뉴욕 하이라인을 조성하면서, 지역의 흔하디흔한 식물들을 발굴하여 오늘날 정원에서 가장 인기가 높은 식물로 만든 사례가 여럿이다. 그중 가느다란 실처럼 하늘거리는 그라스인 쥐꼬리새풀속의 한 종류는 한국 정원사들에게도 주목받고 있고, 미국에서 가장 흔해서 잡목 취급을 받던 미국붉나무*Rhus typhina*는 그가 조성한 정원 풍경을 드라마틱하게 만드는 수종으로 손꼽히고 있다. 최근 울산 태화강 국가 정원의 후스-아우돌프 정원을 조성하면서도 오랜 동료 바트 후스Bart Hoes로 하여금 태화강 일대 환경을 꼼꼼히 살피도록 했다. 2022년 가을 식재 작업을 끝낸 이 정원의 안내판에는 식재 도면과 식물 목록이 걸려있는데, 오래전 한국자생식물원에서 만났던 벌개미취도 포함되었다. 미국에서는 미국 식물로, 한국에서는 한국 식물로 정원을 만드는 그의 철학에는 지역의 고유한 식생과 환경을 담은 정원이 참으로 아름답고, 강인하며, 실용적이라는 메시지가 담겨있다. 그는 자생식물을 활용한 정원들을 통해 지역의 특수성에 충실한 작품이 세계인들에게 보편적으로도 해석되고 향유될 수 있다는 점을 입증했다.

좋은 정원은 지역이 결정한다   2023년 5월 열렸던 세계 최대 정원 디자인 경연 대회인 영국 첼시 플라워 쇼 Chelsea Flower Show에서는 더 의미심장한 소식이 들려왔다. 이 축제의 백미라 할 수 있는 쇼 가든 부문 금상 수상작으로 황지해 작가의 〈백만 년 전으로부터 온 편지〉가 선정되었다. 이 작품은 지리산 약초 공방을 모티브로 삼았는데 사실상 대지 일부를 옮겨왔다는 표현이 적절할 정도로 지리산 환경을 사실적으로 재연했다. 지리산에만 자생하는 한국 특산종인 지리터리풀 *Filipendula formosa*을 비롯해 우리에게도 생소한 각종 약초가 진

흙 벽의 전통 공방 주변으로 자연스럽게 심겼다. 한 지역의 토착 식물들로 꾸민 정원이 사람들 이목을 끌었다는 점도 의미 있지만 여기에 담긴 지극히 한국적인 서사를 영국의 보수적인 심사위원들이 충분히 감상했다는 점은 더 의미심장하다. 2011년 같은 대회에 출품한 정원 〈해우소 가는 길〉에서 황지해 작가는 가장 개인적인 독백의 공간으로서 한국 전통 화장실, 비움의 미덕, 약초를 이용한 민간요법, 자연의 순환과 생명의 재탄생이라는 메시지를 담아냈는데, 이 작품은 전체 부문 금상과 아티잔Artisan 부문 최고상을 수상했다. 황지해 작가의 정원들은 지극히 한국적이고 일상적이고 현실적인 소재들로 세계인이 공감하고 감상할 수 있는 보편적인 메시지를 담아낼 수 있다는 것을 보여준다.

"보시기에 좋았더라."

한 지역의 토종 생태를 살필 때 이 성경 구절에서 암시하는 심미적 · 기능적 · 생태적 가치에 관한 우리의 해석은 성경을 읽어온 세월이 무색할 만큼 빈약하다. 성경 해석의 깊이와 지역에 대한 감수성은 비례하는 것 같다. 무엇이 이 두 세계를 연결하는 영적 감수성을 잃게 만들었을까. 지역 생태를 담은 자연을 닮은 정원에서 우리는 창조주가 느꼈던 흡족함을 되찾을 수 있을까.

"생육하고 번성하라."

이 명령이 가장 잘 실현된 모습은 지역의 문화와 생태가 고도의 다양성을 보이는 데 있다고 생각한다. 그런데 인류가 생육하고 번성하는 방식은 반대로 향하는 듯하다. 창세기 1장의 중요한 원리들을 실천하는 첫걸음은 내가 사는 지역을 살피는 일이다. 이 과정은 조경 설계에서 '현장 분석site analysis'이라고 불리는 절차의 일부이기도 하다. 나도 좋은 정원을 만들기 위해서 집 주변의 식생을, 뉴욕주 북부의 생태를 오랫동안 살피고 있는 중이다. 정원사에게 지역의 고유한 생물종과 식생을 살피는 일은 지역을 해석하는 과정이다. 각자에게는 각자의 관점으로 지역을 해석하는 과정이 필요하다. 이 시간은 지역에 새겨진 신의 시그니처를 찾아가는 구도의 여정이다. 그 결과로 우리는 부르심에 직면한다. 약속의 땅을 정탐했던 열 명의 정탐꾼이 실패했던 그 일이다. 어쩌면 이 과정은 구도의 여정이라기보다는 구원받은 삶의 실재일지도 모른다.

나는 좋은 정원은 지역이 정의한다고 믿는다. 좋은 정원은 지역 생태의 다양성과 아름다움뿐 아니라 지역이 간직한 역사와 문화 그리고 지역의 문제마저 품는다. 루리가든은 프레리라 부르는 미국 대평원에 대한 기억과 향수를, 이를 경험하지 못한 세대에조차 회복하게 했다. 동시에 프레리를 누비던 육중한

황지해 작가의 〈백만년 전으로부터 온 편지〉 (사진 제공 : Royal Horticultural Society)

들소와 귀여운 프레리도그, 거기서 자생하던 식물들이 개발과 함께 사라지고 있는 문제를 상기한다. 하이라인은 뉴욕의 초록 혈관이라 불릴 만큼 도시에 생기를 불어넣으면서 대량의 육가 공품을 실어 나르던 녹슨 철로를 통해 소비주의 흔적과 그로 인해 피폐해진 도시 생태의 역사를 그대로 보여준다. 태화강 국가 정원은 폐수로 죽어가던 강을 기억하게 하면서 그곳에 은 어가 돌아왔다는 치유와 회복의 서사를 그대로 담아낸다.

성경이 서사를 구성해나가는 모습도 이와 닮았다. 구속사 라는 큰 흐름은 에덴의 작은 동산에서 시작해 아라랏의 산등성 이, 브엘세바 우물가, 벧엘의 돌짝밭, 도단의 빈 구덩이, 호렙산 자락의 떨기나무 수풀 등 그렇게 작고 구체적인 현장을 무대로 삼았다. 공간에 암시된 그 시대의 문제 속에 메시지가 깊이 스 며들었다. 그 주인공들은 지역과 연결되어야 했다. 구약 역사 의 큰 전환점이었던 여리고 입성을 통해 약속의 땅을 밟은 이 스라엘 민족에게 내려진 명령이 하나 있었는데 거기서 난 것을 먹으라는 말이었다. 이스라엘 백성들이 가나안 땅의 소출을 먹 자 다음날 만나가 그쳤다(수5:12). 영적 신분은 변하지 않았으 나 그들의 양식은 하늘에서 내려온 것에서 땅에서 올라온 것으 로 바뀌었다. 영적 탯줄이 끊겨졌다. 하지만 지역은 거기 깃든 생명을 부양할 준비가 되어있었다. 이렇듯 성경 속 주인공들은

굴 위로 고개를 내민 프레리도그. 콜로라도주 덴버 시내와 인접한 이곳 프레리 보호 구역은 도시 개발이 확대되면서 존립이 위태로운 상황이다.

지역을 살았고 오늘날 신자들은 그 장소를 탐구하며 거기에 스며든 메시지를 추출하고, 음미하고, 적용한다.

좋은 교회도 지역이 정의한다

교회를 생각한다. 지역 교회a church라는 용어는 우주적 교회the Church에 대비해 유형의 개별 교회를 지칭하는 말로 쓰이는 것 같다. 그러다 보니 지역이라는 수식어보다는 교회라는 단어에 비중이 실려있다. 그런데 신앙생활을 해나갈수록 두 단어에 같은 비중으로 무게가 실려야 한다는 생각이 들었다. 아니, 두 단어의 조합이 아닌 한 단어처럼 느껴졌다. 그래서 오래전부터 지역을 기반으로 한 생활 공동체를 탐구해왔다. 독일 브루더호프 공동체[18]를 설립한 에버하르트 아놀드Eberhardt Arnold의 책『공동체로 사는 이유』를 시작으로, 성미산마을 공동체[19]와 미국 이타카Ithaca의 에코 빌리지[20] 사례도 연구했다. 아이들을 인도네시아 발리의 혁신학교인 그린스쿨[21]에 보내면서 일 년을 머물렀는데, 학교는 '지역에 충실하라Be local'는 원칙을 교육철학의 제1원리로 삼고 있었다. 다시 한국으로 돌아가면 교회 성도들과 코하우징 커뮤니티를 만들어 지역 기반 공동체 생활을 해야겠다는 생각을 했었다. 미국으로 오게 되면서 그 계획들은 잊혔고, 시간이 흐르면서 공동체 생활에 대한 관점도 많이 바뀌었다. 공동체는 벤치마킹을 통해서가 아니라, 신 앞에서 신을 벗고, 맨발로 땅을 밟으면서 만든다는 걸 깨달았다.

좋은 교회도 지역이 정의한다. 그곳 사람들, 그곳의 문화적 자원들, 그곳이 안고 있는 문제들이 좋은 교회의 재료다. 경제적으로, 문화적으로, 정서적으로 가장 안전하고 풍요로운 삶을 은혜와 복이라고 포장하면서 지역과 담을 쌓는 대신, 좋은 교회는 지역의 문제를 끌어안고 지역과 함께 울고 함께 웃는다. 사도 바울이 교회들에 보낸 편지에는 각 교회가 처한 고유한 문제들이 드러난다. 그 문제들 속에서 교회는 정체성과 목적이 더 선명해진다. 사실 성경은 온통 문제 속에서 하나님의 목적을 구현해온 이야기이다. 하나님이 문제를 제거하는 방식으로 역사를 이끌어왔다면, 지금까지 살아남은 인류는 없을 것이다. 마찬가지로 교회는 문제를 제거하는 방식으로는 세상을 바꾸지 못한다. 자연을 닮은 정원들이 그러하듯 문제를 은폐하거나 외면하는 대신 기억하고, 드러내고, 품고, 치유해야 한다. 지역 사람이 깃들이고, 지역의 역사와 문화가 향유되고, 지역의 아픔과 상처가 다뤄지고, 지역에서 사라졌거나 사라져가는 동물과 식물들이 기억되는 교회를 통해서 사람들은 그곳에 새겨진 창조주의 시그니처를 발견하게 될 것이다.

지역교회가 그 지역에서 사라져간 식생의 흔적을 추적해 보존하는 일을 해줬으면 좋겠다. 병들고 기진해진 땅을 어루만 졌으면 좋겠다. 취미로든 직업으로든 정원 일에 '주님께 하듯' 열심을 쏟는 성도들이 많아졌으면 좋겠다. 지역의 자생 식물을 교회 화단에 심어봤으면 좋겠다. 화단이 없다면 성도들이 함께 가까운 수목원에서 자원봉사를 해봤으면 좋겠다. 흙을 만지며 식물을 가꾸는 일은 '하나님의 임재 연습'과도 같다. 교회가 하나님 나라의 그림자라면, 교회의 유전자를 통해 천국 형질이 계승되는 것이라면, 무너진 피조 세계도 교회를 통해 회복될 것이기 때문이다.

연결의 정원

Get Involved

나는 뉴욕 주립대 지역 캠퍼스에서 식물 공부를 시작했다. 미국의 식물에 대해 아는 게 거의 없었고 영어로 공부해야 한다는 부담에 많이 긴장했었다. 첫 학기 나무 수업에서 150여 종의 나무 학명을 외우고 실물 앞에서 식별하는 시험까지 마치고 나서 해볼 만하다는 생각이 들었다. 미국 학생들도 본토 식물을 잘 알지 못했고 라틴어로 학명을 외우는 데는 나와 같은 출발선에 있었다. 무엇보다 재미있었다. 자연과 생태에 대한 막연한 관심과 동경의 선을 넘어서 개별 식물의 이름, 계통 그리고 고유한 성질을 알아가는 동안 어떤 목마름이 해갈되는 느낌이 들었다.

이듬해 나는 전공필수도 아닌, '슈퍼 나무 수업'이라는 별명이 붙었던 굉장히 도전적인 과목을 수강했다. 거기서는 정원수로 계량된 세부 품종들을 포함해 350여 종의 나무를 배웠다. 두 수업 이후 교정에서 마주치는 거의 모든 나무를 이름으로

부를 수 있게 되었다. 그중 물푸레나무가 특별했는데 주차장에서 강의동으로 가는 길에 만날 수 있었다. 매일 드나들 때마다 그들은 나의 시야를 사로잡았다. 넉넉한 품도 좋았고 시시각각 변하는 잎의 색깔은 세월의 의미를 깨닫게 하는 듯했다. 바라보는 것만으로도 도전적인 이민 생활과 영어 수업에 적지 않게 경직되었던 마음에 큰 위로였다. 어렸을 적 시골 할머니 댁에 드나들 때마다 나를 반겨주던 느티나무에게 느꼈던 감정이 되살아나는 것 같았다.

내 말을 담그라

학기가 시작되기 전에 신입생 오리엔테이션이 열렸다. 이 나이에 새삼스럽게 그런 곳에 참석할 필요가 있을까 하다가 혹시 중요한 정보를 놓칠까 싶어 어색함을 무릅쓰고 참석했다. 단과대학별로 모인 자리에서 학장은 한 가지 질문을 던지며 환영사를 열었다. 대학 생활을 알차게 보내는 비법이 담긴 두 단어로 된 마법의 언어가 무엇인지 아느냐는 물음이었다. 이런저런 대답들이 나왔고 학장은 그중 한 학생의 말을 받아서 빙고를 외쳤다.

"Get involved."

영어를 주로 문법책으로 배웠던 내 머릿속에는 '범죄에 연루連累되다'와 같은 예문이 먼저 떠올랐다. 학장은 내가 듣기에는 조금 뻔한 사례들로 그 말이 왜 중요한지를 설명했다. 그러나 한 해 두 해 시간이 지나면서 나는 그 말에 담긴 의미가 얼마나 강력한 것인지를 몸소 깨닫게 되었다. 돌아보면 중년의 학부 생활이 그토록 행복했던 것은 내 의식 속에서 그 조언이 작동했기 때문인 것 같다.

나보다 스무살 이상 어렸던 동기들과 머리를 맞대고 토양 실험에 몰두하거나, 기말 과제 마감을 앞두고 스튜디오에서 밤을 새거나, 코로나로 인해 단 한 번 기회가 주어졌던 전국 대학생 조경 대회에 출전하거나, 정원의 세계에 새로운 눈을 열어주었던 현장 답사에 나섰던 시간들은 새로운 인간관계와 새로운 상황과의 촘촘한 연결선들이었다. 땅과 친해지는 과정도 마찬가지였다. 편도 70킬로미터 등굣길의 절반 이상은 뉴욕주 행정수도 알바니와 뉴욕 서부의 중심도시 빙엄턴을 연결하는 88번 고속도로였다. 이곳에 이런 대로가 필요할까 싶을 정도로 한산했다. 그러나 그 길은 계절마다, 날씨마다, 아침저녁으로 아름다운 풍경을 선사했다. 2년 반 동안 거의 매일 왕복하는 동안 눈 앞에 펼쳐진 장면들은 지역에 대한 감수성을 일깨우기에 충분했다. 들국화, 서양미역취, 연필향나무, 미국붉나무, 스트로브잣나무, 자작나무 등 도로 주변의 식물들은 눈만 돌리면

북미 자생종인 붉은물푸레나무(*Fraxinus pennsylvanica*). 학교에서 가장 왕래가 잦았던 길목에서 나를 내려다보던 나무들이다.

볼 수 있는 가장 흔한 것들이었지만 그것들의 군락은 사람이 디자인한 것보다 더 조화롭고 황홀한 풍경을 연출했다. 이 고속도로와 거의 나란히 달리는 7번 도로 주변에는 미국 동부의 전형적인 시골 풍경이 펼쳐졌다. 드넓은 목초지 한쪽에 우뚝 서 있는 저장탑, 점점이 흩어진 농가, 오래된 상점, 그리고 지나가는 차량에 시비를 거는 오리도 정겨웠다.

마음이 급한 등굣길은 88번 고속도로를, 집으로 돌아올 때는 7번 도로를 타고 다녔다. 이 길 위에서 나는 이곳의 식생과 환경에 정을 붙였고 이렇게 형성된 지역과의 연대감은 공부하는 동안은 물론 졸업 후 진로를 탐색하고 정원사로 일을 해나가는 지금까지 든든한 정신적 토대가 되었다. 길 위에서 깊어진 사유를 통해 내 인생의 큰 주제인 교회관이 단단하게 채워졌고 성경 속 여러 메시지를 그저 관념이 아니라 실재로서 경험하게 되었다. 특히 창조 기사 속 상징, 구약성경에 반복되는 땅 이야기, 심판의 결과로 땅이 황폐해지는 것이 의미하는 바를 현실 속에서 이해할 수 있었다.

"Get involved."

오리엔테이션 당시에는 한국 사회에서 모든 긍정적인 의미를 블랙홀처럼 쓸어 담아 탄생한 단어인 '열심히' 속에 함유되었을 법한 개념 중 하나인 '적극적인 참여' 정도로 이해했을 뿐이지만 지금 돌이켜보니 사람과 자연을 포함한 모든 상황을 바라보는, 나아가 자기 자신과 절대자를 바라보는 태도에 관한 중요한 단서를 제공해왔다.

"하나님이 이르시되 이리로 가까이 오지 말라 네가 선 곳은 거룩한 땅이니 네 발에서 신을 벗으라" (출애굽기 3:5)

떨기나무 앞에 선 모세가 직면한 명령은 일차적으로는 신의 임재가 있는 거룩한 곳에서 자신을 내려놓으라는 의미이지만 결국 히브리 민족을 향한 여호와의 계획에 발을 담그라는 부르심이었다. 모세와 말씀과 상황이 비로소 연결되었고 거기서 새로운 역사가 출발했다. 학장이 던진 그 키워드가 내게 던진 의미는 내가 선 땅은 거룩한 곳이니 그 땅에 발을 담그라는 말이다.

땅의 저주

우리는 언제부터 땅과의 연결을 상실했을까. 땅과의 악연은 아담과 하와의 시간까지 거슬러 올라간다. 이 저주가 한층 진화되어서 지금은 땅과 사람 사이에 돈이 매개가 되어버렸고 우리는 땅 한 평, 방 한 칸을 위해 '갑절의

정원과 들판에 흔하게 자라는 식물들을 선정해서
초본류 수업 과제를 위한 표본을 제작했다. 이 지
역의 식생을 살피는 흥미진진한 기회였다.

노동'을 감수해야 하는 처지가 되었다. 게다가 『아파트 한국사회』에서 박인석 교수는 아파트 자체가 아니라 외부와 단절된 '단지 문화'의 폐해를 지적한다. 오늘날 아파트 단지는 마치 카스트제도처럼 계층화된 사회의 단면이다. 사회병리학적 탐구가 필요하다 싶을 정도로 기이한 현상이다. 사람들이 선택한 주거 문화가 사람들을 갈라놓았다.

아파트 단지들이 사람들을 갈라놓는 동안 거미줄처럼 깔린 도로망은 동물들 서식처를 갈라놓았다. 숲이나 들판이 도로에 의해 두 동강 나면 야생동물을 부양할 수 있는 능력은 두 지역이 절반씩 나눠 갖지 못한다. 대개는 급격하게 0으로 수렴한다. 야생동물들은 정해진 지역에 서식처를 갖고 있어도 번식이나 먹이 활동 등 생존과 직결되는 절대적인 필요에 의해 정해진 경로를 따라 이동하기 마련이다. 도로는 사람에겐 길이지만 동물에게는 장벽이다. 문명이 처한 가장 큰 딜레마이다. 해마다 셀 수 없을 만큼 많은 동물이 찻길 사고로 목숨을 잃는다.

그런데 동물들이 다 사라져서 로드킬 하나 없이 말끔한 도로가 있다면 그것 역시 섬뜩한 일이다. 수도권의 많은 녹지가 그렇다. 촘촘한 도로들 때문에 조각난 녹지들은 색깔만 초록이지 생물 다양성 면에서는 사막에 가깝다. 그나마 남아있는 녹지는 골프장이 차지했다. 수도권 지역을 위성사진으로 보면 두

눈만 달린 유령들 형상이 허다하다. 골프장들이다. 코로나를 지나며 많은 골프장이 문을 닫았다지만 중장비에 다져지고 농약으로 흥건해진 터가 복원될 길은 보이지 않는다. 골프라는 운동 자체에 부정적 견해를 갖고 있지는 않지만 이것을 누리기 위해 치러야 할 대가를 생각하면 우리나라의 이 문화는 조금 사악하다는 생각도 든다.

분리와 단절은 확실히 치명적인 저주다. 성경의 세계관에 의하면 죄의 본질은 창조주와의 분리이다. 그런데 이 죄의 대가로 내려진 심판도 땅과의 단절이었다. 아담과 하와는 에덴을 떠나야 했다. 살인자 가인은 유리방황해야 하는 처지가 가혹하다고 하소연하면서 결국 벽을 쌓아 스스로를 격리했다. 우리의 주거와 교통 문화 자체를 부정할 수 없지만 계층화의 상징이 된 아파트 문화와 생태 감수성이 결여된 도로 체계는 참으로 파괴적이고 나아가 사탄적이다. 대부분이 도시인인 우리 세대가 짊어지고 있는 땅의 저주는 태초의 인류가 느꼈던 것만큼이나 가혹하다.

땅의 회복

솔로몬이 성전 낙성식을 치른 날 밤, 하나님이 솔로몬에게 나타나 죄를 뉘우치고 돌이키면 흉년이 들

뉴욕 하이라인의 오이풀(*Sanguisorba officinalis*). 맨해튼 도심을 남북으로 관통하는 하이라인은 지역의 공원들을 연결하는 생태네트워크의 주축으로서 큰 잠재력을 가진다.

고 병이 창궐한 그 땅을 고치겠다고 하셨다(대하7:14). 히브리어 '라파', 즉 고친다는 말에 포함된 여러 의미 중에는 상처를 봉합해서 낫게 한다는 뜻이 있다. 원래 붙어있던 것이 떨어졌다면 다시 붙이는 일이 치유다.

조각난 대지를 다시 붙이는 생태 통로라는 것이 있다. 동물들이 안전하게 이동할 수 있도록 도로 위아래로 설치한 다리나 터널을 의미한다. 원래 서식지 규모에 비하면 실오라기처럼 보잘것없는 모양새다. 그래도 어떤 곳은 하루에도 야생동물 수십 마리가 통행할 만큼 중요한 역할을 하고 있다. 산양, 담비, 삵 등 천연기념물이나 멸종위기종이 관찰되는 사례도 적지 않다. 개발로 사라졌거나 도로에 의해 잘려 나간 서식지 규모에 비하면 충분하다 할 수는 없지만, 단절된 두 생태계를 연결하는 수단으로서 결코 과소평가할 수 없다. 생태 통로보다 확장된 개념으로 생태 축과 생태 네트워크가 있다. 각각의 의미나 구현 방법은 큰 차이가 있지만, 공통적으로 지향하는 바는 도시화와 개발로 인해 분절된 생태계를 연결해서 자연성을 회복하고 생물 다양성을 높이는 동시에 사람들 삶의 질을 향상하는 데 있다.

생태 복원 방법론에 네트워크 개념이 사용된 점이 흥미롭다. 이론적으로 네트워크는 점node과 선link으로 구성된다. 이 개념은 조각난 지역 생태계를 봉합할 수 있는 여러 대안의 이론적 틀을 제공한다. 사실 손상되지 않은 생태계의 본질적 속성 중 하나가 대단히 정교한 네트워크이다. 어렸을 적 우리는 생태계 구성원들의 관계를 주로 먹고 먹히는 것으로 배워서 그 관계에 내재된 상호 의존성은 깊이 살펴볼 기회가 없었다. 죄의 결과로 신과 인간 사이의 관계에서 빚어진 파국은 생태계 구성원 간 관계의 손상을 불러왔다. 우리가 생태교란종 또는 침입종이라고 부르는 외래종의 영향이나 인간의 개발로 인해 생태적 교란이 생겼을 때 나타나는 현상들은 모두 관계의 손상으로 설명 가능하다. 정원 일을 하는 동안 창세기에서 죄의 본질을 관계의 손상으로 기술한 내용을 나는 보편적 진리로 경험한다.

연결과 연대

우리나라는 정원의 르네상스 시대를 맞이하고 있다. 일제강점기와 한국전쟁을 겪으면서 명맥이 끊어졌던 정원 문화가 새롭게 태동하고 있다. 문화를 오랜 세월 체득한 생활양식으로 알았는데 아파트 중심 주거 문화라든가 교통 통신 발달로 여가 패턴이 급속하게 바뀌는 모습을 보면 정부 정책이나 기술혁신 등에 의해 어떤 영역의 문화는 매우 짧은 시간에 형성되기도 하는 것 같다. 정원도 마찬가지다. 불과 몇 년 사이에 정원 문화의 방향이 결정될지도 모르겠다. 해외 동향에 밝은 정원가들이 앞다퉈 유럽의 정원 스타일을 소개하고 있고, 대형 종묘상들은 유행하는 식물들을 발 빠르게 수입하고 있다. 몇 세기 전 유럽에서 그랬듯 정원이 소유와 과시의 수단으로 이용될지, 고급 아파트처럼 계층화의 상징이 될지, 정원이라는 새로운 '문명'이 생태계에 새로운 위협으로 부상할지 모르는 일이다.

죄의 속성이 분리와 단절이라는 원리를 생각한다면 정원의 가치와 역할은 그 방향을 반대로 이끌어내는 데 있다. 아담과 하와가 선악과에 너무 일찍 손대는 바람에 우리는 타락하지 않은 인류의 가드닝 활동을 엿볼 기회를 잃고 말았지만, 필시 창조주가 조성한 완벽한 정원을 완벽하게 유지하는 역할을 감당했을 것이다. 성령의 핵심 사역이 그러하듯 그들은 만물이 하나 되게 하는 임무를 맡았을 것이다. 진지하게 생태를 연구하는 사람들은 손상되지 않은, 고도의 종 다양성을 보이는 생태계에서 하나됨의 원리를 깨우친다고 하는데, 이러한 담론은 애석하게도 힌두교나 신비주의 또는 여타 범신론 진영에서 활발하다. 기독교가 이런 개념을 다루는 언어에 미숙하다는 현실이 나를 슬프게 한다. 나는 정원사는 성직聖職이라고 생각한다. 정원사의 역할은 손상된 관계를 회복하는 것이고 피조 세계의 삶을 윤택하게 돕는 것이다. 식물의 언어, 생태의 언어로 복음적 가치를 전파하는 것이다. 정원 문화가 사람들을 편 가르고 생태계를 파괴하는 방향으로 흐르지 않도록 고상한 철학을 제시하는 것이다. 내가 지향하는 자연주의 정원이 그 철학에 기반한다고 생각한다. 이를 나는 정원의 회심이라 부른다.

미국에서 일하고 있지만 한국 땅의 식생을 모른다는 사실이 조금 부끄러웠다. 우리나라 정원 동향도 궁금했다. 그래서 한국 정원가들과 활발하게 교류했다. 사실은 이곳에서 공부를 시작하기 전부터 그분들이 쓴 책을 읽으며 정원가의 꿈을 키우고, 그분들 작품을 공부하면서 좋은 정원에 대한 관점을 만들어갔다. 그렇게 7-8년이 흐른 뒤 나는 정원사가 되어 그분들과 다시 만났다. 신기하게도 그 모임은 자연주의 정원가들의 모임이었다. 우리는 1년 가까이 매주 온라인으로 자연주의 정원과 숲 정원, 식물 생태에 관한 것들을 탐구하면서 정원이 속한 땅이 원래 품었던 식생들을 더듬어 가는 훈련을 했다. 생태 축을 연결하여 단절된 생태계를 물리적으로 복원하는 것만큼 사람들과의 연결은 필수적이다. 정원들의 연결은 정원사들의 연대를 통해 가능하다. 조그만 베란다 정원을 가꾸는 홈 가드너이든, 직업적인 정원 디자이너이든, 정원사들은 그 연대를 이루는 하나의 점들이다. 관계들이 촘촘한 그물이 되면, 어쩌면 우

리는 서식지를 잃어버린 이 땅의 주인들과 더불어 우리 자신을
지키는 공존의 길을 찾을 수 있을지도 모르겠다.

교회라는 네트워크

복원할 것이 또 하나 있다. 교
회라는 네트워크이다. 에베소서 2장과 4장에서만 사용된 것으
로 보이는 '연결'이라는 단어를, 사도 바울은 교회의 본질을 간
파하는 강력한 언어로 사용했다.

> "그의 안에서 건물마다 서로 연결하여 주 안에서 성전이 되
> 어 가고 너희도 성령 안에서 하나님이 거하실 처소가 되기 위
> 하여 그리스도 예수 안에서 함께 지어져 가느니라"(에베소서
> 2:21-22)

> "하나님도 한 분이시니 곧 만유의 아버지시라 만유 위에 계시
> 고 만유를 통일하시고 만유 가운데 계시도다"(에베소서 4:16)

어떤 교회들은 태초의 저주에서 자유롭지 못해 돈과 땅을
탐하고 사람들을 가르며 이 연결을 해체한다. 하지만 어떤 교
회들은 막힌 담을 허물고 손상된 관계를 복원해서, 어쩌면 가

장 신적인 속성 중 하나인 충만한 다양성 속의 온전한 하나됨을 추구한다.

나는 한 해를 뉴욕 바이블 콘퍼런스에서 시작한다. 미국으로 이주하여 정착한 교회에서 처음 이 행사에 대해 들었을 때는 교회 밖 행사를 별로 좋아하지 않는 데다 영어로 진행될 거라 착각해 별 관심을 두지 않았다. 하지만 2018년 처음 참석한 후로 지금은 1년 중 가장 중요한 시간으로 여기고 있다. 이 콘퍼런스는 뉴욕주 북부 한인교회들의 연합 집회로 2박 3일간 성경공부 5개 세션과 예배, 기도회 그리고 어린이 프로그램으로 구성된다. 뉴욕주 북부에 흩어진 여러 도시에서 해마다 한자리에 모여 함께 예배하고 성경을 공부하는 과정에서 나는 참교회를 경험했고, 그 시간을 콘퍼런스가 아닌 '교회들의 교회'라고 부르게 되었다. 갈등과 분열에 관한 소식이 차고 넘치는 시절에 교단도 다른 다섯 교회가 연합하여 이런 콘퍼런스를 16년째 이끌어 오고 있다는 사실에도 놀랐거니와 실제 현장에서 다른 교회의 성도들과 가족처럼 지내며 깊은 대화를 나눌 수 있다는 점도 신기했다. 명절에 가족 모이듯 1년에 한 번 만나는 사이였지만, 그사이 훌쩍 자란 아이들을 대견해하며, '형제님과 가족을 위해 기도했습니다'라는 인사로 서로를 맞이하는 관계였다. 교회들의 연대가 만든 이 교회는 이곳에 참석하는 수많은 성도에게 한 해를 살아낼 영적 자양분을 공급하기에 충분했다.

피조 세계의 화해를 생각한다. 자연과의 연결을 생각한다. 연결은 화해의 열매다. 자연은 종종 우리에게 재해라는 모습으로 다가온다. 피조 세계를 경작하라는 원초적 사명이 철저하게 외면된 상황에서 새 하늘 새 땅이 오기 전까지 우리는 어쩌면 우리가 자초한 자연 재해들을 두려워할 수밖에 없을 것이다. 농사나 정원을 향한 관심 여부와 관계없이, 우리가 흙에서 왔으니 흙으로 돌아가라는 말이 대지와 우리와의 관계에 대해 어떤 메시지를 던지고 있는지 성찰이 필요하다. 땅과 화해하자. 화해reconciliation는 부채를 청산하는 것이다. 이는 나의 첫 직장이었던 다국적 회사의 재무팀에서 쓰던 용어다. 매월 결산 때마다 세계 각국 지사들 간에 주고받아야 할 채권 채무의 잔액을 맞추는 작업을 그렇게 불렀다. 땅에 대해 우리가 안고 있는 부채를 해결하려면 할 일이 많다. 땅은 회심한 정원사들을 부르고 있다.

모두의 정원

나비 한 마리를 대접할 수 있는 교회

가을이 오면 국화 전시회 준비는 새로운 국면으로 접어든
다. 그동안 가꿔온 수백 본의 국화들 수형을 잡아주고, 꽃봉오
리가 최대한 많이 생기도록 마지막 순 치기를 한다. 최근 정원
트렌드에 비하면 다소 고전적이지만 국화는 여전히 가을을 대
표하는 꽃 중 하나다. 뉴욕식물원 국화 전시회의 역사는 1981
년으로 거슬러 올라간다. 당시 제임스 헤스터James Hester 뉴욕
식물원장은 일본 황실 소유의 신주쿠 교엔 국민정원新宿御苑 国
民公園의 국화 전시회를 보고 큰 감명을 받았다. 마침 뉴욕식물
원의 2년제 원예 전문가 과정School of Professional Horticulture을
막 졸업한 일본인 이사오 아다치씨가 고국으로 돌아갔다가 일
본의 전통 국화 기술을 갖고 식물원에 입사하면서 전시 기획이
본격화되었다. 메이지유신 시절부터 일본 황실에서 관리하던
전통적인 방식의 국화 전시회가 해외에서 열린 것은 뉴욕식물
원이 최초였다.

전통 일본 국화는 꽃과 꽃잎의 모양에 따라 13가지 유형으로 분류되고 식물체의 전체 모양을 만드는 방식에서 다시 5-10가지 유형으로 나뉜다. 그중 가장 고난도 기술로서 오랜 시간까지 요하는 방식은 오주쿠리大作り인데, 직역하면 대작masterpiece이라는 뜻이고, 영어로 표현할 때는 보통 천 송이 국화a thousand bloom라 부른다. 한 포기 국화에서 천 송이 꽃이 나오게 하는 일은 기술과 예술의 극한에 가깝다. 특히 꽃봉오리가 생길 가지들을 고르게 배열하려면 특수한 프레임을 제작해야 하고 고도의 집중력을 요구하는 고된 작업이 뒤따른다. 뉴욕식물원에서는 시간과 비용의 제약 때문에 200~300송이 규모로 작업하는데, 미국 식물원 중 전통 일본 국화 전시회를 가장 큰 규모로 개최하는 펜실베이니아 롱우드 가든에서는 실제로 국화 한 포기에서 천 송이 꽃을 뽑아낸다.

많은 정원사가 국화 작업을 달가워하지 않는다. 꽃송이를 배열하고 수형을 만들기 위해 수많은 자재와 소모품들이 한 번 쓰이고 버려지는 과정에서 마음에 큰 불편을 겪는다. 천년 세월의 교배를 거쳐 인위적으로 만들어진 품종들이라 병충해 저항성이 거의 없고 이 때문에 살충제 사용도 빈번하다. 전시회가 끝나면 무대에 섰던 수백 본의 국화들은 모두 폐기된다. 식물원은 미술관, 박물관 등과 더불어 문화 기관의 정체성도 있는 데다, 각국의 다양한 식물과 더불어 그 식물과 연계된 고유한 문화와 원예 기술을 보유한다는 것은 식물원으로서 대단히 중요한 의미를 갖기 때문에 정원사들은 직업 정신으로 이 작업을 감당해오고 있다.

자연을 위한 정원 그래서 국화 작업을 하는 날에는 자주 머리를 식혀야 한다. 업무를 마치면 발걸음은 자연을 닮은 정원으로 향한다. 10월은 정원 식물들이 유전자에 간직했던 색상의 마법을 펼치는 시절이다. 원숙한 오후의 햇살을 받아 빛을 내거나, 그 빛을 품고 바람에 하늘거리거나, 나비의 화려한 날개와 어우러지거나, 가만히 있거나, 10월의 식물은 어떤 모습으로도 한 해의 절정을 살아간다.

미국 동부의 국화과 식물인 아스터 꽃잎 틈에서 제왕나비 한 마리가 눈에 띈다. 이 나비는 곧 먼 길을 떠날 것이다. 곤충 중에서 흔치 않게 회유성回遊性인 제왕나비는 북미에서 이동을 시작하여 남쪽으로 멕시코까지 간 다음에 거기서 겨울을 나고 다시 미국을 거쳐 북쪽으로 캐나다까지 올라가는데, 여정 중에 번식을 한다. 이 여행의 이유는 정확히 밝혀지지 않았다. 서식지를 옮겨 다니면서 유전적 다양성을 확보하고, 지역의 토착

미국 펜실베니아 소재 롱우드가든에 전시된 오주쿠리. 국화 한 포기에서 약 1,000 송이
의 꽃을 피워낸다.

바이러스나 질병으로부터 스스로를 보호하기 위한 것이라 짐작할 뿐이다.[22]

그 때문에 제왕나비에게 이곳은 광야 순례길의 오아시스와 같다. 이 정원에서 자라는 식물들은 이 나비와 조상들에게 수천수만 년 동안 꽃가루와 꿀을 공급해왔다. 이곳이 자생식물 정원이라는 점이 얼마나 다행인가. 긴 여행에 앞서 든든하게 채비할 곳이 있다는 것이 얼마나 다행인가. 이 나비에게서 사울에게 쫓기던 다윗의 모습을 본다. 놉의 제사장에게 진설병을 받아먹고 무기를 얻어가던 장면을 생각한다. 다윗이 거짓말을 늘어놨던 곳, 다윗을 도운 제사장이 사울의 부하에게 참혹한 죽임을 당했던 비극의 현장이지만, 나는 다윗이 몸과 영혼을 추스르던 그곳을 성소라 부르고 싶다(삼상 21장, 22장). 캐나다에서 멕시코까지 먼 여행을 떠나는 나비들에게 먹을 것과 쉴 곳을 내어주는 도심 속 식물원은 그런 곳이다.

식물 종을 보존하고 종 다양성을 지키는 일은 식물원의 중요한 역할 중 하나이다. 내가 근무하는 비공개 온실 단지에는 사막 온실이 있다. 여길 드나들 때마다 눈길을 끄는 식물들이 있다. 멕시코에 자생하는 선인장의 한 종류인 아리오카푸스 *Ariocarpus*속 식물이다. 불법 채취 후 해외로 밀수하려던 것이 발각되어 압수당했는데 관세 당국이 관리할 곳을 찾다가 결국 이곳으로 보내졌다.

미선나무는 우리나라에서만 자생하는 토착 식물이며 국내 주요 군락지가 천연기념물로 지정되었다. 자연 상태에서는 매우 희귀한 것으로 알려졌지만 시장에서는 정원 용수로 보급되고 미국 식물원에서도 어렵지 않게 볼 수 있다. 이와 유사하게 미국 조지아 남동부 일부 지역에서 자생하던 프랭클린 나무 *Franklinia alatamaha*는 19세기 이후로 야생에서는 멸절된 것으로 알려졌으나 정원에서는 흔하다. 이처럼 식물원은 여러 방법으로 희귀하거나 멸종 위기에 처한 식물들을 보존하고 복원한다. 어떤 식물이 희귀하다는 것은 그 식물 자체의 희소성만을 의미하지 않는다. 그 식물의 서식 환경이 매우 독특하다는 뜻이다. 여러 이유로 고유한 미세 기후와 생태를 구성하던 이 서식 환경이 파괴되면서 식물이 희귀해지거나 멸종에 이른다. 아파트 재개발 사업 후 지역에 오래 정착했던 사람들이 쫓겨나고 그곳에 스며든 문화까지 모두 사라지는 일과 같다. 식물원에서는 개별 식물들의 생존과 보존을 넘어서 서식 환경의 복원과 더불어 그곳의 식물군락plant community을 복원해내는 것을 추구한다. 그저 아름다운 식물들을 모아놓는 것을 넘어 지역 식생과 어울리는 식물들 조합을 만들어내고자 한다.

미국에서 모나크 버터플라이(Monarch Butterfly)라고 불리는 제왕나비(*Danaus plexippus*)가 뉴욕식물원 자생식물정원의 아스터(*Symphiotrichum sp.*) 꽃잎에 앉아 있다.

수천 킬로미터를 이동하는 여
행자 나비에게 정원이 오아시스 같다면, 경쟁적인 사회에서 지
친 사람들에게도 그럴까? 나는 세상에서 가장 좋은 정원은 가
장 가까운 정원이라 생각한다. 만일 '식물원 사용 설명서' 같은
책을 쓴다면 첫 장에는 식물원의 연간 회원이 되라는 얘기를
쓰려 한다. 집에서 가장 가까운 공공 정원의 연간회원권을 구
매한 후 언제든 내 집 마당처럼 이용하는 것이다. 회원권 가격
이 제대로 책정되었다면 보통 3~4회 방문하면 본전을 뽑는다.
과거 우리나라 정원들은 관광지가 되고자 했다. 많은 식물원과
수목원이 대중에게 과도하게 식물 공부를 시키려 했다. 그래서
인지 우리 인식 속의 식물원은 한 번 가고 마는 곳, 꽃을 배경
으로 사진 찍는 곳, 또는 지루하고 어려운 장소가 되었다. 그보
다는 집 주변의 공원처럼, 식물원을 관광지가 아닌 생활 터전
으로, 일상 공간으로 이용하는 것이 그 가치를 향유하는 가장
좋은 방법이다.

뉴욕식물원 개장 시간은 오전 10시다. 그런데 오전 7시에
입장이 가능한 연간 회원 제도가 있다. 출근할 때마다 이른 아
침에 식물원을 산책하는 어르신 몇 분과 마주친다. 이분들은
담소를 나누며 걷기도 하고 수백 그루의 라일락이 내려다보이
는 라일락 컬렉션 전망대에서 체조를 하기도 한다. 서늘한 오

전에는 식물원 바로 앞의 포덤 대학교 학생들이 운동하는 모습도 보인다. 두어 명이 함께 뛸 때도 있고 운동부처럼 보이는 학생들 여럿이 줄지어 달리는 모습도 보인다. 짙은 그늘 속 벤치에 앉아 책 읽는 모습도 흔하고 커다란 렌즈가 붙은 카메라를 들고 새들을 관찰하는 탐조探鳥 마니아도 여럿이다. 이 사람들은 한 해 백만 명이 찾는 세계적인 식물원에 온 것이 아니라 자신들의 삶과 가장 가까운 곳에서 일상을 보내기 위해 온 것이다.

먼 길 떠나는 나비가 쉬어가듯이, 광야를 헤매는 다윗이 음식과 무기를 공급받듯이, 식물원은 삶의 무게에 지친 사람들이 삶의 의미를 충전하는 곳이다. 식물원을 방문했다 하더라도 어떤 사람들은 도움이 필요하다. 식물에 담긴 문명과 문화의 이야기, 생태적 관점 그리고 미학적 가치들이 대중에 잘 전달될 수 있도록 돕는 일을 정원사들은 '해석'이라 부른다. 뉴욕식물원에서는 부원장급 임원이 이 일을 총괄한다.

"Everyone can find their own version of botanical garden." (이곳에 오시면) 누구나 자신만의 식물원을 찾을 수 있습니다.

취임 3년째를 맞는 제니퍼 번스타인 뉴욕식물원장이 얼마 전 한 언론과 인터뷰하면서 말한 내용이다. 식물원은 매 계절이 다르고 식물원 안에서도 곳곳의 정원이 다르다. 같은 식물

밀수꾼들에게서 압수한 아리오카푸스(*Ariocarpus sp.*)의 한 종류. 이곳 식물에 익숙하지 않은 주말 당직자들을 위해 '죽은 것이 아니니 버리지 말라.'는 표지를 붙여야 할 정도로 생김새가 특이하다. 아주 가끔 아름다운 꽃을 피운다.

245

Ariocarpus sp.

앞에서 사람들은 다른 것을 경험한다. 이것이 해석의 힘이다. 해석은 사람들에게 식물 공부를 시키는 것이 아니다. 나와 식물의 관계, 자연과 문명의 관계를 인식하도록 돕는 과정이다. 우리가 정원에서 느끼는 충만한 감정은 나 스스로 그 정경을 감상하고 해석한 시간의 열매다. 친구 인스타그램 속 사진과 같은 장소에서 같은 포즈로 사진을 찍어 올리는 일보다 훨씬 즐겁고 의미 있는 경험이다. 나는 정원을 감상하는 주관이 깊어지길 바라는 만큼 우리가 성경을 해석하는 관점이 확장되길 바란다. 누군가에 의해 결론이 내려진 메시지를 소비하기보다, 매일 천천히 세밀하게 정원을 감상하듯 성경 텍스트를 살피고 스스로 해석할 수 있길 바란다.

정원사에게 식물원은 어떤 곳일까. 장미꽃이 만발한 정원에서 전지가위를 들고 있는 우아한 모습 같은 것은 없다. 참고로 뉴욕식물원의 장미 정원은 가장 노동 집약적인 곳으로 악명이 높다. 그늘 한 점 없는 광활한 공간에서 가시로 무장한 장미 덩굴을 헤집는 일은 생각만으로도 부담스럽다. 게다가 장미들도 국화처럼 인공적으로 교배된 품종이 대부분이라서 식물이 걸릴 수 있는 거의 모든 병에 취약하다. 많은 현장직이 그렇듯 식물원 업무 중에는 위험한 일이 많다. 설비를 다루거나, 보안과 경비를 담당하는 부서는 말할 것도 없고, 정원사들이 속한 원예부Department of Horticulture도 그렇다. 높다란 크레인 위에서 기계톱으로 나무를 자르거나, 고압 분사기로 암석 지대 흙을 파헤치거나, 우주복 같은 방제복을 입고 한 번에 200리터 가까운 농약을 살포하기도 한다. 그래서 직원 보호를 위한 규정들이 엄격하게 적용된다. 산업 안전에 대한 사항은 미국의 노동안전청OHSA에서, 농약 사용에 관한 규제는 연방환경청EPA에서 관장하고, 지방정부는 그 법규들보다 더 세부적이고 엄격한 규정들로 사업장을 관리한다. 사고가 없었다 하더라도 절차 위반이 적발되는 경우 회사에는 막대한 벌금이 부과된다. 식물원에서 수행되는 수많은 업무가 이 규제들 영향을 받는다. 산업 안전 규제가 처음부터 이렇게 철저한 것은 아니었다. 한 예로, 수목관리학 수업에서 미국의 대표적인 수목 관리 서비스 회사의 안전 규범 책자를 부교재로 사용했다. 그 회사는 1907년에 설립되었는데 두툼한 안전 규정의 많은 부분이 기계톱에 의한 부상, 추락, 전선에 의한 감전, 뱀과 벌의 공격 등 나무 작업 중에 벌어진 사고 사례들이었다. 지금의 까다로운 규제는 100년 넘는 세월 동안 벌어진 무수한 재해의 결과들로 생긴 것들이었다. 아픔이 길이 된 결과다.

식물원의 주인공은 식물만이 아니다. 식물원은 보존이 시급하거나, 토종 생태계를 대표하는 다양한 식물들plants과 더불어 그것을 향유하거나 돌보는 사람들people, 그리고 생태적 · 역사적 · 문화적 의미가 부여된 식물원의 장소place가 함께 보호되는 곳이다.

사회를 위한 정원

공중보건학자 김승섭 교수는 산업재해로 피해당한 개개인에게 집중하기보다, 그 문제의 '원인의 원인'을 파악해야 한다고 강조한다. 사회 속에 내재된 불의, 구조화된 악을 인식해야 한다는 말이다. 산업혁명이 발흥한 영국은 일찍이 이 문제에 눈을 떴다. 오늘날 도시공원의 기원을 19세기 런던으로 보는 견해가 있는데, 당시 런던은 인구가 급속하게 도시로 유입되면서 공장 근로자의 위생과 건강을 염려하는 목소리가 높아졌다. 많은 독지가들이 사유지를 공원 용지로 개방하면서 오늘날 공공 정원의 시초가 되었다. 공장 내부의 열악한 환경, 매연과 건물 그림자로 어두워진 거리에서 숨이 막혔던 도시 서민들은 공원으로 나가 비로소 맑은 공기와 밝은 햇살을 누릴 수 있게 되었다.[23]

우리나라 대도시들은 여전히 절대적인 녹지 면적이 부족할 뿐 아니라, 그 혜택을 누릴 기회도 평등하지 못하다. 소득 수준이 높은 지역일수록 공원이 가깝고 그렇지 않은 곳은 공원도 멀다는 사실을 여러 연구가 보여준다.[24] 고급 아파트 단지 내 조경은 국제적인 상을 받을 정도로 훌륭하고 호수 공원 주변 집값은 아파트 높이만큼 비싸다. 상식적으로 당연한 현상이라고 이해될 수 있지만 이것이 상식이라면 참으로 서글프다. '더 약한 사람들이 더 위험한 환경에서 살아가고 그래서 더 자주 아프다'는 고발은 이 서글픔이 우리 사회의 구조적 모순에 뿌리를 두고 있다는 걸 보여준다.[25]

세계적인 대도시 뉴욕은 많은 사람들에게 맨해튼을 의미한다. 사실 뉴욕시는 맨해튼, 퀸스, 브루클린, 스태튼아일랜드, 브롱크스 등 다섯 자치구로 이루어져 있다. 뉴욕식물원은 브롱크스 한가운데 있는데 이 지역의 1인당 연평균 소득은 다섯 개 자치구 중 최저이고 뉴욕시 평균의 절반 수준이다. 라틴아메리카 출신 인구 비율은 자치구들 가운데 가장 높다. 가난한 이민자들이 많다는 뜻이다. 그런데 브롱크스 파크 한쪽에는 미국 도시 공원 중 최대 규모인 뉴욕식물원이 자리 잡고 있고, 도로를 하나 사이에 두고 런던 동물원에 이어 세계에서 두 번째로 큰 브롱크스 동물원이 마주하고 있다. 우연이든 계획이든 뉴욕에서 가장 큰 공원들이 가장 가난한 동네에 자리 잡았다는 점은 참으로 의미심장한 일이다.

그러나 뉴욕식물원 입장료는 평소 약 35달러 수준이고 특

난 전시회를 위해 구조물을 설치하고 호접란을 매다는 작업을 하고 있다. 정원사를 극한직업이라 부르기는 어렵지만 극한의 작업들이 종종 벌어진다.

별 전시회가 열리는 시기나 성탄절 전후에는 65달러로 약 8만 원에 이른다. 아무리 가깝다 하더라도 자주 찾기에는 부담스러운 금액이다. 하지만 매주 수요일마다 브롱크스 지역 주민들에게 무료로 개방된다. 매일 자유롭게 출입할 수 있는 연간회원권도 지역 주민은 할인 혜택을 받는다. 특별 전시회가 열리면 지역 아티스트들이 초청되고 수요일마다 식물원 도서관 앞에서 열리는 장터에는 로컬 업체들이 농산물과 수제 식료품을 준비해 자리를 편다. 거의 매일 인근 유치원과 초중고생들의 현장 수업이 열리는데 식물원을 찾는 학생들 규모는 연인원 10만 명에 이른다. 뉴욕 시립대와 브롱크스 전문 대학 등 지역 대학 학생들은 현장 실습, 자원봉사, 인턴 근무를 위해 끊임없이 식물원을 드나든다. 언젠가 식물원은 그들의 일터가 될 것이다. 현재 뉴욕식물원 임직원 수는 약 520명이다. 정원사는 물론 보안과 경비 요원, 시설 관리 인력, 청소 인력도 모두 풀타임 근무자로 우리나라 방식으로 표현하면 정규직이다. 이들 대부분 뉴욕시 공공노조에 속해있으며 공무원과 유사한 복지 혜택이 적용된다.

번스타인 원장은 취임 이후부터 지역과의 연계 사업에 큰 비중을 두었다. 식물원의 마케팅은 소비자 개인을 넘어, 브롱크스라는 지역과의 연계성에 초점을 맞추고 있으며, 이 대의는 기업이나 명망 있는 가문 등 대형 스폰서로부터 후원과 기부를 유치하는 데 큰 힘을 발휘한다. 기부하는 입장에서도 식물원이라는 단일 기관을 넘어 식물원이 지역과 형성하고 있는 관계성에 후원할 수 있다는 점은 좋은 명분이다. 이런 방식으로 식물원은 대형 스폰서들을 지역과 연결하는 역할을 감당한다. 우리에게 익숙한 용어로 표현하면 '통로'가 되는 셈이다.

만물을 위한 정원

창세기 원역사에서 에덴동산의 기능 중 하나는 먹을 것을 제공하는 데 있었다. 최초의 정원이자 첫 성전인 에덴은 영적으로나 육적으로나 자급 공동체였다. 교회가 성전의 본질을 계승했다면 교회에도 영적인 의미로든 육적인 의미로든 늘 먹을 것이 있어야 한다. 내가 출석하는 교회는 성도의 이동이 잦은 편이다. 유학생들도 적지 않고, 많은 성도가 지역의 큰 반도체 회사의 직원 가족인데, 반도체 경기나 회사 상황에 따라 이동이 빈번했다. 짧게는 2-3년부터 길게는 10년 가까이 머물다 가는 유학생과 직장인 가족들을 무엇으로 어떻게 채비시켜 떠나보내야 할까. 우리 교회가 안고 있는 오랜 과제이다. '나그네'라는 영적, 현실적 실재를 경험하는 성도들을 위해 환대와 파송의 역량을 키워달라고 기도할 뿐이다.

　교회 밖으로 지역에 눈을 돌리게 되면서 지역 조사를 위해 구글 지도를 살피다가 우연히 영어로 된 리뷰를 보게 되었다. 조그만 한인교회에 무슨 리뷰를 남길 것이 있나 싶었는데, 손녀가 교회 놀이터를 너무 좋아한다는 내용이었다. 교회가 자리한 동네 현실을 고려하니 엄마나 아빠를 일터로 보낸 어린아이가 할머니와 함께 시간을 보내는 모습을 그려볼 수 있었다. 한 줄의 리뷰는 지역에 대한 우리 교회 역할에 눈을 뜨게 했다. 변변한 공원이 없는 이 동네에 아름다운 숲 정원을 열어줄 수 있다면. 이웃들이 이곳에서 자연이 공급하는 넉넉한 자원을 향유할 수 있다면. 침입종 식물에게 빼앗긴 자생식물들을 위한 생츄어리가 될 수 있다면. 나그네 인생의 여정 가운데 이 교회를 거쳐가는 성도에게, 가난하고 소외된 이웃들에게, 그리고 먼 길 떠나는 나비 한 마리에게 먹을 것을 대접할 수 있는 교회가 될 수 있다면. 부유한 동네에서 더 화려해지고, 사회적 약자들이 억압받고, 생태 감수성이 희미해지는 교회들 속에서 나도 길을 잃지 않기 위해 오늘도 정원을 걷는다.

대지의 정원

미생의 향연, 대지의 식물들

미국으로 이주하고 처음 맞은 가을은 낯설었지만 아름다웠다. 미 북동부의 가을 풍경을 주도하는 것은 단연 메이플 나무다. 강렬한 붉은 색의 잎이 인상적인 참꽃단풍, 수액을 받아 메이플 시럽을 만드는 설탕단풍, 바람에 팔랑이는 잎 뒷면의 은색이 빛나는 은단풍A. saccharinum 등이 북미의 숲에 넓게 분포하고 있는 단풍나무들이다. 우리나라의 단풍A. palmatum이 섬세한 가을 정취를 풍긴다면, 미국의 메이플은 웅장하고 대범한 풍경을 연출한다.

동네마다 메이플 단풍이 아롱지던 9월 말, 아이들을 학교에 보내고 아내와 나는 집에서 40분 거리의 그라프톤 호수 주립공원을 찾았다. 세 개의 커다란 호수로 이루어진 아름다운 곳이었다. 표지판에 새겨진 지도를 보니 롱폰드라는 이름이 붙은 가장 큰 호수를 한 바퀴 도는 탐방로가 있었다. 낯선 땅 인적이 드문 숲속 산책은 첫발을 내딛는 일부터 용기가 필요했다. 그

때는 나무 이름을 몰랐지만, 호수 가까이에는 아름드리 캐나다 솔송나무*Tsuga canadensis*가 빼곡했다. 잎이 붉게 물들기 시작한 참꽃단풍 나무가 호숫가 얕은 물 속에 뿌리를 내리고 있었다. 나무 뿌리에 물결이 찰랑찰랑 부딪치는 소리도 좋았고, 호수 건너편 병풍처럼 둘러선 스트로브잣나무*Pinus strobus* 군락의 그림자가 수면 위에 아른거리는 모습도 아름다웠다.

숲속 산책로에서 내 눈길을 사로잡은 것은 이끼들이었다. 땅 위를 소복하게 덮은 자잘한 솔송나무 잎 위로 둥근 쿠션처럼 봉긋하게 올라온 회녹색의 이끼들도 신기했고, 초록 카펫처럼 폭신한 이끼 위로 빨간 열매가 맺힌 호자덩굴*Mitchella repens*이 뻗어있는 모습도 아름다웠다. 땅 위로 힘줄처럼 엮인 나무 뿌리 틈에 자리 잡은 이끼들은 모자이크 조각처럼 모양이 잘 들어맞았다. 갈라진 바위 틈새를 따라 길게 붙어있는 이끼는 바위에 초록색 리본을 두른 듯했고, 오래된 나무 그루터기에는 신기한 모양의 버섯과 이끼들이 함께 어우러져 있었다. 버섯, 이끼, 몇 가지 고사리와 풀, 상록 덩굴들이 어우러진 모습은 정교하게 디자인한 듯 자연스러우면서도 질서 있고 조화로워 보였다. 솔송나무 그늘이 짙은 호숫가 산책로는 바람이 가져다주는 풍부한 수분 덕분인지 버섯과 이끼와 고사리의 낙원처럼 보였고 태곳적 숲처럼 신비한 분위기를 자아냈다. 이끼의 매력에

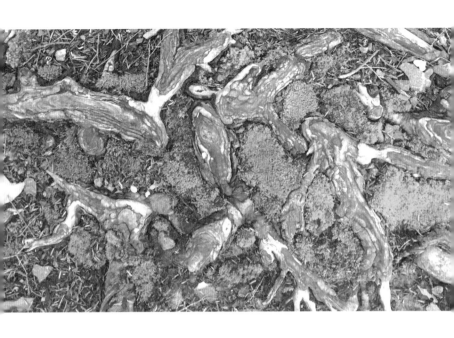

그라프톤레이크 주립공원 산책로의 이끼들. 탐방객들이 밟고 다녀서 반질반질해 진 나무 뿌리 틈새를 촘촘하게 덮고 있다.

처음 눈을 뜬 날이었다.

  학교에서 식물 공부를 시작하고 나서는 뉴욕주 북부의 애
디론댁 산지로 등산을 가끔 다녔다. 날파리가 많은 한여름을
피해 주로 늦가을이나 이른 봄에 산에 오를 때가 많았다. 많은
종류의 침엽수와 자작나무 등이 우세한 북위 42도의 고산지대
는 냉대림에 가까웠고, 4월에도 눈이나 얼음으로 덮여 있기 일
쑤였다. 이끼와 고사리들 중에는 상록성이 많았다. 마른 잎으
로 뒤덮인 숲에서, 심지어 눈 덮인 바위 틈새에서도 이끼와 고
사리들은 선명한 초록빛이었다. 몇 년간 이 지역의 산을 드나
들면서 몇몇 종류의 고사리를 식별할 수 있게 되었는데 그 중
록 폴리포디*Polypodium virginianum*를 가장 좋아하게 되었다. 이
고사리는 미역고사리속의 한 종류인데, 바위 틈이나 나무 그루
터기 틈에서 한 두 포기가 새초롬하게 고개를 내밀기도 하고,
두툼한 이끼로 덮인 바위 꼭대기에서 무리지어 자라기도 한다.
이끼와 고사리가 아름답게 어우러진 바위를 보면 그대로 떠다
가 나의 정원에 들이고 싶은 생각이 들기도 했다. 소박한 듯 강
인하고, 자연스러운 듯 정연한 모습에 금세 마음을 빼앗기고
말았다.

식물원에서 이끼와 만나게 된 것은 난 전시회를 준비할 때였다. 성탄절과 신년 연휴에 걸쳐 열리는 기차쇼가 끝나면 식물원은 다시 한적한 겨울 정원으로 돌아간다. 하지만 고요한 바깥 풍경과는 달리 온실 안에서는 2월부터 열리는 난 전시회 준비로 분주하다. 기차쇼가 열렸던 전시 온실에서는 밀납과 나무로 제작된 모형 철로와 건물들을 철거하고 다음 전시를 위한 구조물을 설치하느라 발 디딜 틈이 없다. 전시용 식물을 조달하는 생산 온실도 북새통이다. 플로리다와 뉴저지의 농장에서 구입한 식물들을 대형 컨테이너가 쏟아 놓으면 식물 포장을 뜯고 수량과 상태를 확인하고 품종과 색상별로 식물을 정리하느라 거의 이틀을 보낸다. 하역을 마치고 정리가 마무리되면 형형색색의 호접란과 화려한 열대 관엽 식물들이 온실을 가득 메운다. 따로 전시를 하지 않아도 될 만큼 장관이다. 온실 통로에는 건초처럼 보이는 정육면체의 블록들이 산더미처럼 쌓인다. 마른 이끼들이다.

난 전시회를 위한 식재 디자인의 핵심은 이 식물들의 서식처인 열대 고산 지역의 환경을 아름답게 재현하는 데 있다. 많은 종류의 난들은 흙에서 자라지 않고 바위나 다른 식물에 붙어서 자라는 착생 식물이다. 때문에 전시 환경에서도 수백 본의 난은 땅에 심겨지는 대신 나무 위에 매달린다. 이를 위해 이

끼로 난의 뿌리를 감싸서 동그란 공 모양으로 만들어야 한다. 결국 난 전시회 준비의 핵심은 '난 말이orchid wrapping'다. 일본에서 유래한 방식이라 해서 코케다마苔玉, こけだま라고 부르기도 한다. 이끼는 물기를 머금고 있다가 오랜 시간 난 뿌리에 지속적으로 수분을 공급하는 역할을 한다. 난 말이는 비교적 난이도가 높고 집중력이 많이 필요한 작업이다. 난 전시회가 임박하면 생산 온실 복도에는 여러 개의 테이블을 연결해서 난 말이 작업장이 만들어지고, 다른 부서의 정원사들도 순번을 정해 이 작업에 투입된다.

이 작업의 첫 단계는 이끼를 적시는 일이다. 사과 상자 크기의 이끼 블록을 단단히 동여맨 끈을 잘라내면 켜켜이 쌓인 이끼 덩어리들이 얇은 카펫 조각처럼 떨어진다. 양동이에 물을 절반쯤 붓고 몇 장의 이끼 덩이를 담근다. 바싹 마른 이끼들은 물에 가라앉지 않아서 손으로 한참을 누르고 있어야 한다. 납작하게 눌려 있던 이끼들은 점점 부풀어 오르고 양동이의 물은 금세 바닥을 드러낸다. 이끼를 덜어내고 물을 더 붓는다. 여전히 충분하지 않다. 그렇게 몇 번 이끼를 덜어내고 물을 붓고 나서야 이끼가 얼마나 많은 물을 흡수하는지 실감한다. 이끼 뭉치에 충분히 물이 스며들면 꼭 짜낸 후에 채로 받쳐서 물기를 뺀다. 물을 흡수하고 난 후에는 처음보다 엄청나게 부피가 늘

218

어난다. 먼지가 날리던 마른 이끼의 변화는 거기서 그치지 않는다. 거의 회갈색에 가까웠던 색깔에 점점 초록빛이 감돈다. 이끼의 미세한 줄기에 물이 올라 통통해진다. 살아있는 이끼였다. 보슬보슬한 이끼 줄기 틈에 앙증맞은 솔송나무 솔방울이 섞여 있기도 하고, 손가락 두어 마디쯤 되는 가문비나무 어린 유목이 마른 것도 보인다. 전나무 껍질, 자작나무 쪼가리, 잣 같은 열매들… 손수건 한 장 크기의 이끼 조각에는 침엽수가 빼곡하게 들어찬 북미 냉대림의 숲 속 흔적이 그대로 배어 있다. 검은가문비나무*Picea mariana*가 빼곡한 뉴욕 북부 애디론댁 산지의 어느 습지의 한 조각을 떼어 온 듯 하다. 보슬보슬한 털과 거친 적갈색 뿌리가 막 벗겨낸 짐승의 가죽처럼 보인다. 대지의 피부가 아니었을까 하는 생각이 든다. 난을 싸느라 손을 부지런히 놀리면서도 나의 마음은 이미 이끼로 소복하게 덮인 애디론댁 산지의 축축한 가문비나무 숲속으로 빨려 들어간다.

난을 쌀 때 사용하는 이끼들은 스패그넘 모스Sphagnum moss라고 불리는 물이끼속 식물들이다. 이들은 피트모스peatmoss라는 이름으로 더 잘 알려져 있다. 원예용 상토의 주원료이다. 야자 열매 섬유질을 가공해서 만든 코코피트cocopeat와 더불어 가장 많이 사용되는 재료다. 이들은 이탄 습지의 생성에 중요한 역할을 하기도 한다. 미국에서 이 습지를 보그bog라고 부른다. 이탄 습지는 생태적 중요성 때문에 뉴욕 주 뿐 아니라 세계 각국에서 보존을 위해 노력한다. 때문에 미국 등지에서 상업적으로 판매되는 피트모스는 대개 캐나다의 광활한 피트모스 농장에서 대량으로 생산된다.

우리가 처음 만나는 이끼는 대개 초등학교 교과서에 등장하는 우산이끼와 솔이끼 등이다. 식물계통학을 따지면 이 두 이끼는 사실 가까운 친척이 아니다. 동물계, 식물계처럼 생물을 분류하는 가장 큰 단위인 계界 다음이 문門인데, 우산이끼와 솔이끼는 다른 문에 속한다. 이끼 집단에서는 가장 먼 친척인 셈이다. 이끼라 불리지만 이끼가 아닌 것도 많다. 난 전시회에도 많이 사용되는 스페인 이끼는 에어 플랜트로도 잘 알려진 틸란드시아Tillandsia의 일종으로 파인애플과의 식물이다. 영어로 클럽모스club moss라고 불리는 석송石松 종류는 이끼와는 다른 문에 속하고, 오래된 비석이나 바위에 붙어서 자라는 회녹색의 지의류는 녹조류와 곰팡이의 공생으로 이루어진 독특한 생명체로 이끼와는 무관하다. 이렇게 차 떼고 포 떼고 나면 우산이끼와 솔이끼 밖에 남을 것 같지 않지만, 사실 세상에는 수만 종의 이끼가 존재하고, 아직 학자들의 현미경에 한 번도 올라가지 않은 종류들도 허다하다.

이끼는 일반적인 식물과 비교하면 가진 것보다 없는 것이 많다. 이끼는 꽃이 피지 않고 그래서 열매나 씨앗이 없다. 뿌리와 관다발 조직도 없다. 단순하고 원시적이다. 학자들은 이끼가 바다의 녹조류들이 육상 식물로 발전하기 전의 중간 단계에 속한다고 본다. 그럼에도 불구하고 이 불완전한 존재는 수십만년의 시간 동안 다양한 환경에 적응해서 시베리아의 차가운 해안부터 사하라 사막의 마른 바위틈까지, 남극 대륙을 제외한 지구상의 모든 지역에 자리를 잡았다.

이끼는 대지와 대기의 경계에 존재한다. 하늘과 땅 사이의 가장 얇은 경계에는 늘 이끼가 자리잡고 있다. 산 정상의 바위는 그저 매끈하게 보이지만, 바람에 실려 온 이끼 포자는 바위 표면의 미세한 틈새에 스며든다. 한낮의 온기를 머금었던 바위가 급격하게 식으면서 대기의 수증기를 응결시키면 바위 표면에 이슬이 맺힌다. 그렇게 하루, 이틀, 사흘 지속적으로 공급되는 수분을 먹고 이끼 포자는 싹을 틔우고 세대교번이라는 미묘하고 복잡한 과정을 거쳐서 성체가 된다. 다 자란 후에도 이끼는 이슬에 의존한다. 뿌리처럼 생긴 조직은 헛뿌리로서 물과 양분을 흡수하지 못하고, 몸을 그저 바위에 고정시킬 뿐이다. 뿌리가 없어서 잎으로 물과 양분을 실어나를 관다발도 없다. 잎은 한 겹의 세포로 이루어져 있어서 잎의 두께는 세포 하나의 두께이다. 이 빈약한 조직으로 바위 위에서 살아간다. 일교

차가 없어서 이슬이 생기지 않는 계절, 비가 내리지 않는 메마른 계절에는 신진대사를 멈추고 동면에 들어간다. 식물원 생산 온실에 쌓여 있던 건초더미 같은 이끼들도 죽은 것이 아니라 잠자는 중이었다. 바싹 마른 이끼는 적당한 수분과 빛이 공급되기를 기다린다. 기록에 의하면 40년을 기다린 이끼도 있다. 양동이에 담겼던 이끼에 생기가 돌듯, 메마른 계절에 동면에 들어갔던 이끼는 비가 오거나 이슬이 맺히면 다시 살아난다. 보슬보슬하게 자란 이끼들은 포자를 생산하기 시작한다. 포낭 하나에 수십만개의 포자들이 들어 있지만, 자연 상태에서 그들이 발아해서 자랄 확률은 수백 만분의 일에 지나지 않는다. 대단히 비효율적인 재생산 구조와 빈약한 식물 조직을 갖고 이끼는 땅과 하늘이 맞닿은 곳에서 새로운 생태 낙원을 만들기 위해 오늘도 이슬을 머금는다.

대지의 식물

숲의 가장 밑바닥 그늘진 곳에서 숨어있던 이끼들, 그저 원예용 토양에 섞여 존재감 없던 이끼들이 정원 식물로 떠오르기 시작했다. 이끼뿐 아니다. 나물로만 인식되던 고사리와 양치류들도 조명을 받기 시작했다. 흔하거나 쓸모없거나 사료로 간주되던 그라스들은 정원에서 빼놓을 수 없는 식물이 되었다. 이끼와 고사리, 사초류의 그라스들이 어우러져 있는 제주의 베케 정원은 정원가들의 성지가 되었다. 춘천 제이드가든 수목원의 이끼 정원은 태고적의 신비와 고즈넉한 분위기로 많은 사람들의 인기를 얻고 있다. 개인 정원은 물론 공공 정원에서도 그라스 정원 조성이 대세가 되었다. 색상도 단순하고 꽃도 피지 않는 보잘것없는 식물들에게서 사람들은 숨은 매력을 발견하기 시작했다.

인공지능이 조경 설계를 담당하는 시대에 왜 사람들은 이렇듯 원시적이고 원초적인 식물들로 눈을 돌리는 것일까? 정원계에서 큰 흐름으로 자리 잡은 자연주의 디자인의 영향이 적지 않다. 이 흐름에 동참하는 많은 정원가들이 식재 디자인을 공부하기 위해 자연으로 향하고 있다. 숲, 습지, 초원, 고산지대, 해안 등 서식 환경에 따른 고유한 식생을 토대로 식물의 매력과 특성을 파악하기 위한 답사가 빈번하다. 현장에서 발견한 디테일을 해석해서 정원에 구현하는 과정에서 정원가들은 개별 식물뿐 아니라 주변의 동반 식물들, 서식지의 토양, 온도와 습도, 바람 등의 물리적 환경, 그리고 야생동물과의 상호작용까지 살펴본다. 무엇보다 이 흐름에 가장 큰 동력이 되는 것은 현장의 식생을 읽어내면서 경험한 감동 때문이다. 지금껏 정리된 식재 디자인 이론으로는 설명할 수 없는 조화로움과 아름다

이끼와 지의류로 도톰하게 덮인 화강암반 위에 가문비나무 유목들이 자라고 있다.

움에 매료되었기 때문이다.

이 아름다움은 이끼와 고사리와 그라스들이 대지를 지키기 위해 선택한 형태와 생태의 결과들이다. 이들은 대지와 가장 가까이에서 가장 넓게 자리 잡은 식물들이다. 그라스 육종의 대가 칼 푀르스터Karl Foerster의 표현대로 그라스는 대지의 머리카락이다. 마찬가지로 고사리는 대지의 솜털이고 이끼는 피부다. 이 조직들이 우리의 몸에서 담당하는 역할 그대로, 대지의 식물들도 토양의 유실을 막고, 유기물을 만들고, 땅속의 수많은 미생물과 공생하며 생태계를 부양한다. 화려하고, 희귀하고, 값비싼 식물들이 정원 피라미드의 꼭대기에 자리 잡고 있는 동안, 이 대지의 식물들은 눈에 띄지 않는 밑바닥에서 가장 중요한 역할을 담당해 왔다.

이끼와 고사리와 그라스의 인기는 태곳적 자연을 향한 원초적인 지향과 관계가 있을 것이다. 여러 문헌에서 사람들이 그라스 정원을 좋아하는 이유는 초원에 대한 향수 때문이라고 설명한다. 선사시대 이래 초원은 안전한 거처와 풍부한 식량을 확보하기가 가장 유리한 곳이었는데, 그 선호도가 유전자를 통해 대물림되어서 그걸 경험하지 못한 사람들도 사바나 초원에 대한 향수를 갖고 있다고 말한다. 어쩌면 이끼와 고사리에 대한 사람들의 감각이 열리는 이유는 자연을 향한 향수가 깨어나고 있기 때문이 아닐까. 사람들은 이런 정원에서 오래 머물고 싶어한다. 햇빛과 바람도 머물다가는 그라스 정원이나, 고사리와 이끼가 어우러진 숲 정원은 회복과 쉼의 정원, 성찰과 전망의 정원이다. 책을 읽거나 좋은 대화를 나누고 싶은 정원, 그냥 앉아만 있어도 좋은 정원들이다. 계절마다 수많은 사람들을 불러 모으는 뉴욕식물원의 장미 정원, 라일락 콜렉션, 벚꽃길은 지나가는 정원, 구경하는 정원일 뿐 누구도 이곳에서 오래 머물고 싶다고 얘기하지 않는다.

대지의 식물들은 피로 사회를 살아가는 현대인들이 가장 목말라 하는 것들을 제공한다. 그 목마름은 경쟁 사회에서 누적되는 삶의 무게 때문이기도 하지만, 유린되는 자연에 대한 죄책감의 무게 때문이기도 하다. 인식을 하든 하지 않든 생태가 파괴될수록 사람들 내면의 상처도 깊어진다. 나무가 잘리고 풀밭이 밀리고 고사리와 이끼가 뜯겨 나가는 모습에 불편함을 느끼거나, 간혹 숨이 막힐 듯한 아픔을 느끼는 이유는 우리의 몸과 마음이 어떤 식으로든 대지와 연결되어 있기 때문이다. 창조주가 사람에게 심어놓은 생명에 대한 감수성 때문이다. 마찬가지로 대지의 식물들을 향한 선호는, 그것을 심고 만지고 감상하는 동안 상처 난 피부를 복원하는 것 같은 느낌을 받기 때문이다. 그래서 대지의 정원은 치유와 회복, 화해의 정

붉은 줄기가 매력적인 암캐고사리암개고사리(*Athyrium filix-femina* var. *angustum* 'Lady in Red')가 바위틈에서 자라고 있다.

원이다. 대지의 정원은 우리가 인식하든 인식하지 못하든 유린된 자연에 대한 인류의 집단적 죄의식을 덜어내는 곳이다. 사람이 대지와 관계를 맺는 방식은 기독교 영성이 다루어야 할 중요한 주제이다. 기독교 영성은 인간과 자연의 손상된 관계에 관한 인식을 포함한다. 거기서 비롯되는 죄책감이, 비록 그것이 무의식적일지라도, 우울감과 고립과 다음 세대에 대한 무거운 부채의식을 낳는다는 이해를 포함한다. 대지의 식물들에 대한 사람들의 선호가 참회와 치유와 회복을 향한 목마름에서 비롯된다는 관점을 포함한다.

대지의 교회

대개 정원 조성은 대지의 피부를 벗겨내는 일로 시작되었다. 문명이 세워지는 것과 비슷한 방식으로 대지와의 관계를 손상시켰다. 나무를 베고, 풀을 깎고, 표토층을 밀어냈다. 토양 속 미생물들, 거기 뿌리를 내리고 살던 식물들, 거기 깃들던 동물들, 이들이 맺어온 오랜 관계와 이야기들이 켜켜이 쌓인 흔적이 모두 사라졌다. 상실한 관계, 잊혀진 이야기를 복원하는 것이 자연주의 정원가들의 비전이듯, 교회도 하나님과 사람들 사이의 관계와 이야기를 회복하는 꿈을 꾼다.

교회는 파괴된 환경과 그 속에서 억압받는 사람들과 어떻게 그 꿈을 공유할 수 있을까. 나는 그 길을 이끼에게서 배운다. 이끼가 그 신비한 생태와 형태의 세계로 초대할 때 그냥 지나치지 않고 몸을 낮추고 머리를 숙여서 그걸 자세히 들여다볼 수 있는 사람은, 자연과 생태의 신비에 대해 가려진 시야를 극복하고 만물의 초대에 기꺼이 응할 수 있는 사람이다. 이끼에 대한 우리의 태도는 우리의 영성과 닮았다. 우리의 영성은 영적인 것에 대한 감수성의 여부보다는 그것의 초대를 사양하는, 초대한 분과 거리를 두려는 마음의 지배를 받는다. 예수께서 슬퍼하는 이유는 대놓고 대들거나, 탕자처럼 집을 나가버리는 사람들 때문이 아니다. 대개 그들은 돌아온다. 대신, 꾸준히 그 초대를 거절하고 교묘하게 거리를 두려는 사람들 때문이다. 성가시게 문을 두드리는 낯선 방문객에게는 '잡상인 금지요!' 하고 소리를 지르는 것보다, 없는 척 침묵하는 것이 더 서글픈 법이다. 성경 속의 수많은 사건들 속에서 하나님 또는 예수님과 아무런 갈등과 긴장이 빚어지지 않는 사람들, 대개 '무리'로 표현된 그 익명의 존재들이 어쩌면 우리의 신앙이 롤모델로 삼고 있는 대상인지도 모른다. 그러므로 이끼의 초대는 창조주와의 더 깊은 관계로의 초대이다. 더 깊은 영성으로의 초대이다. 대지를 유린한 데 대한 집단적 죄의식을 내려놓는 고해성사로의 초대이다. 대지의 맨살을 덮어 만물이 살만한 장소로, 생태

뉴욕식물원의 그라스정원. 오묘한 색상과 질감의 그라스들은 그 자체로 매력적일 뿐 아니라, 햇살과 바람이 함께 어우러지면 환상적인 장면을 연출하기도 한다.

의 낙원으로 만드는 일은 태곳적부터 이끼가 해 온 일이다. 대지는 내가 치유할테니, 인간은 그 미물의 신비를 감탄하고 누리라고 지금도 사람들을 부르는 것 같다.

황무지가 생태의 낙원으로 변모하는 기적은 원시적인 것들, 미생들의 향연이다. 이끼와 고사리, 그라스들이 소리 없이 협업해서 대지를 치유하는 과정이다. 이 불완전한 생명체가 지금까지 명맥을 이어온 사실을 통해서, 불완전한 사람들을 통해 우주적 교회의 역사가 이어져 왔다는 것을 깨닫는다. 이 식물들은 하나님께서 이 땅에 그분의 낙원을 회복하기 위해 되다 만 존재들, 지렁이 같은 존재들을 선택하신 이유를 보여주는 듯하다. 피라미드 구조에 익숙해진 인간들의 시각에는, 숲 생태 층위 구조의 제일 하부 식생을 차지하는 이 식물들이 마치 카스트제도의 불가촉천민과 같은 한계상황에 직면한 현실을 연상시키지만, 생태학에서 피라미드의 가장 밑바닥에 위치한 존재들은 지구상의 모든 생명을 부양하는 존재들이다.

되다 만 식물, "미생" 같은 존재이지만 메마른 바위에서 숲을 만드는 이끼의 생명력은 40년 광야를 생존했던 이스라엘 백성들을 연상시킨다. 삶의 기반을 전적으로 이슬에 의존하는 이끼는, 생존을 하늘에 의존했던 광야 백성들의 실존을 상징한다. 출애굽기, 레위기, 민수기, 신명기에 기록된 적지 않은 분량의 서사는 대부분 이 실존에 관한 이야기다. 홀씨처럼 사라진 사람들, 백만분의 일의 확률로 살아남은 사람들에 의해서, 이 끼처럼 불완전하고 연약한 사람들에 의해서 교회는 명맥을 이어왔다. 수백만분의 일의 확률로 생존하는 매우 비효율적인 재생산 구조를 가진 식물이지만, 그 미세한 포자 하나에서 울창한 침엽수림을 보는 것이 믿음이라고 이끼는 가르친다. 하나님은 상실의 무게에 눌려 있던 고독한 노인에게 큰 나라에 관한 믿음을 주입시켰다. 아브라함이 스스로 입력할 수 없는 개념이고 세계관이었기 때문에 주입이라는 표현이 지나치지 않을 것이다. 그 주입을 받아들이는 것을 사도바울은 믿음이라고 표현했다.

우리들의 교회는 하늘과 땅의 경계에 서 있는가. 이끼처럼 가장 불완전하지만 가장 원초적인 생명으로 대지의 피부를 소생시키고 숲의 비전을 보이는가. 이끼처럼 유린된 환경과 상처난 관계를 회복시키는가. 황량한 바위산을 생태 낙원으로 만드는 이끼처럼 교회가 들어선 지역을 살만한 곳으로 만드는가. 대단한 삶에 대한 과도한 미련과 생존의 힘겨움이 공존하는 모순을 잠시 벗어나서 이끼의 메시지에 귀를 기울여보는 것은 어떨까.

파송의 정원

흩어져서 더 멀리

미국에서 처음 산 집은 집을 보러 다닐 때 가장 마음에 드는 곳이었다. 학군이 좋고, 동네가 조용했다. 야트막한 언덕 위에 있어서 침수 위험도 없었다. 집은 적당한 넓이의 마당에 둘러싸여 있었고 뒷마당은 숲과 연결되어 있었다. 아파트가 아닌 주택에서 산다는 것도 가슴이 설레는 일이지만, 무엇보다 내 마음대로 파헤칠 수 있는 땅이 생겼다는 것만으로도 흥분되었다. 처음 몇 개월은 집 내부를 단장하느라 분주했다. 카펫을 걷어내고 마루를 깔았다. 시멘트벽과 단열재가 노출되었던 지하실도 깔끔하게 마감 공사를 마쳤다. 가구까지 들이고 나니 정말 내 집 같았다. 그러는 동안 계절은 여름을 지나 가을로 접어들었고, 깊은 색으로 물든 뒷마당 숲은 눈이 시리도록 아름다웠다. 한 해 두 해 창밖의 풍경을 통해 계절의 순환을 느끼는 것이 좋았다. 그렇게 2년을 보낸 후 나는 대학에 편입했고, 본격적으로 식물 공부를 시작했다. '나무 수업'과 '슈퍼 나무 수

237

업'을 마치고, 2019년 전국 대학생 조경올림픽에 나가 '나무 이름 알아 맞추기Woody Plant Material Identification' 종목에 출전하고 나니 나무 식별하는 일에 자신감이 생겼다. 비로소 뒷마당 가장자리의 숲자락에서 어설프게나마 생태 조사를 해 보기로 했다.

결과는 참담했다. 뒷마당 식생의 대부분은 뉴욕주에서 침입종으로 분류된 것들이었다. 침입종은 우리나라의 '생태교란종'과 비슷한 개념이다. 한 때 정원 식물로 인기가 있었으나 지금은 유통과 판매를 규제한다. 뒷마당을 빼곡하게 채운 관목들은 대부분 인동과의 괴불나무들이었다. 둥그런 수형도 아담하고, 봄에는 하얀 꽃의 향기와 자태가 일품이고, 늦여름에 열리는 빨간 열매는 여름 정원에 화사함과 생동감을 더해 주는 매력적인 나무다. 벌과 나비에게 풍부한 꽃가루와 꿀을 공급하고, 조밀한 덤불로 새와 들짐승들에게 은신처를 제공하는 고마운 식물이다. 하지만 미국 북동부에서는 기세가 너무 유별나 숲의 하부 식생을 완전히 망가뜨렸다.

노박덩굴 이야기

얕은산의 관목층은 물론 도시 숲과 공원도 이들 차지가 되었다. 1750년경 원예식물로 도입된 중앙아시아 원산의 분홍괴불나무*Lonicera tatarica*를 필두로, 한반도와 일본에 분포하는 인동덩굴*L. japonica*이 1806년부터 수입되기 시작했고, 우리나라와 중국에 넓게 분포하는 괴불나무*L. maackii*가 비슷한 시기에 시험재배용으로 각지의 수목원에 도입되었다. 1860년대에는 원예용으로 일본 자생의 섬괴불나무*L. morrowii*를 들여왔다. 이 나무들은 꽃과 열매가 아름답고, 추위에도 강해 키우기 쉬울 뿐 아니라, 토양 유실 방지 등 기능 면에서도 뛰어났기 때문에 빠르게 보급되었다. 시장에서 유통되는 속도보다 스스로 번지는 속도가 빠르다는 걸 사람들이 깨달았을 때는 이미 통제할 수 없을만큼 곳곳의 야산과 들판 그리고 각지의 공공 정원에 퍼진 후였다.

괴불나무보다 끔찍했던 것은 노박덩굴*Celastrus orbiculatus*이었다. 이 덩굴식물은 가을녘에 머루 송이보다 느슨하게 팥알만한 열매를 주렁주렁 맺는다. 열매가 익으면 밝은 주황색 껍질이 벌어진 틈으로 빨간 씨앗이 드러나는데, 겨울나무의 어두운 수피를 배경으로 화사하게 빛나기도 하고, 새하얀 눈과 어우러진 모습도 일품이다. 열매의 매력 때문에 꽃꽂이나 리스 재료로 인기가 높았다. 하지만 정원을 탈출해 숲속에 자리를 잡은 이 식물은 뱀처럼 나무를 감고 올라가 자라면서 줄기를 옭아맨다. 무서운 속도로 자라면서 다른 나무의 물관과 체관을 막

뉴욕 샘슨주립공원에서는 과거 공군 기지 터를 재자연화하는 작업이 이루어지고 있으
나 사진 속 괴불나무를 비롯한 침입종 제거에 어려움을 겪고 있다.

아 고사시키거나, 빽빽한 잎으로 햇빛을 차단해서 하부 식생을 망가뜨린다. 겨울철 배고픈 새들에게 먹음직한 열매를 무수하게 공급하는 이 식물은 그 대가로 숲이 많고 새가 많은 미국 주택가의 정원 곳곳에 씨앗을 퍼뜨린다. 덩굴식물이지만, 지지대가 없어도 1미터 이상 곧게 자라서 수풀 속에서도 햇빛 경쟁에 유리하다. 내한성, 내건성도 강하고, 뿌리 성장도 빨라서 한번 뿌리를 내리면 죽는 법이 없고 그대로 두면 30년 이상 자라기도 한다. 주택 정원 뿐 아니라 미국 동부의 주요 국립, 주립공원에서도 골치아픈 존재가 되었다. 노박덩굴이 자리를 잡은 곳은 어둡고 침침한 죽은 숲의 모습이다. 굵은 덩굴이 나무를 휘감아 고사시킨 모습은 "잠자는 숲속의 미녀"가 자고 있던 성 주변의 가시덤불을 연상시킨다.

악명높은 두 침입종만으로도 벅찬데, 이들의 기세에 밀리지 않는 북미 토종 덩굴들도 한자리하고 있었다. 벽이나 나무를 타기도 하고, 땅 위를 덮기도 하는 버지니아담쟁이 *Parthenocissus quinquefolia*와 미국 머루*Vitis riparia*의 억센 덩굴들이 얽히고설켜서 뒷마당 가장자리는 생태적으로 사실상 아수라판이나 다름없었다. 식탁에 앉으면 넓은 창을 통해 펼쳐지는 아름다운 풍경의 속살은 사실 그랬다. 모르는 게 약이라고 했던가. 하지만 이대로 뒀다간 우리집 뒷마당을 순식간에 잠식할 것 같았고, 침입종을 방관한다는 것도 마음이 편치 않았다. 그 해 겨우내 나는 그 억센 덩굴들을 끌어내리고, 괴불나무를 자르고 뿌리를 뽑아내느라 진을 뺐다.

정원을 탈출한 식물들

미국 환경청EPA과 뉴욕주 환경부DEC는 침입종을 "지역 자생 식물이 아니면서 생태, 환경, 보건상 해를 끼치는 식물"로 정의하고 있다. 대개는 19세기부터 현대까지 아시아와 유럽 등지에서 정원용, 원예용으로 도입된 식물들이다. 간혹 곡물이나 사료, 목재 등에 섞여서 들어온 씨앗이나 성체가 번식해 문제를 일으킨 예도 있다. 환경 당국이 규정한 것에서 볼 수 있듯이 모든 외래종이 침입종은 아니다. 외래 식물 중 많은 것들이 지역의 생태 다양성을 풍부하게 하고, 정원을 아름답게 하는데 기여한다. 우리나라 원산의 수수꽃다리는 '미스킴 라일락'이라는 품종으로 개량되어 미국에서 가장 인기있는 꽃나무 중 하나로 보급되고 있으며, 1800년대 말부터 보급된 산딸나무는 두 집 건너 하나씩 볼 수 있을 만큼 인기 있는 수종이다. 모감주나무는 정부 청사 주변 등 도심의 중요한 장소에 심겨지곤 하는 고급 가로수로 각광 받고, 주목은 유서 깊은 저택에서 100년 세월동안 도도한 자태로 자리를 지키곤 한다. 우리나라 원산의 새풀 한 종은 피트 아우돌프가 하이라인의 중요 구간의 주제 식물로 식재해서 수많은 사람들의 사랑을 받고 있고, 우리가 나물로만 인식하던 우산나물, 노루삼, 한라개승마 등은 주요 수목원과 식물원의 숲 정원을 채우는 중요한 초본류이다. 이 식물들은 미국의 정원에서 아무런 문제를 일으키지 않고 있으며 당연히 침입종으로 분류되지도 않는다.

침입종으로 분류된 식물들이 주는 피해는 환경 당국이 정의한 그대로다. 왕성한 번식력으로 지역 식생을 잠식해서 주택 정원, 공공 정원, 국립 공원 등의 심미적, 기능적, 생태적 가치를 현저하게 떨어뜨리고 토종 생태계의 균형을 무너뜨린다. 거기 더불어 살던 동물들도 직접적인 영향을 받는다. 토착 곤충이 사라지면 이들을 먹고 사는 상위 동물은 물론, 그들과 수천수만 세대에 걸쳐 공생 관계를 쌓아온 다른 생물들도 사라진다. 이렇듯 균형이 파괴된 식생은 대개 극히 소수의 식물이 점유하게 되는데, 색깔은 초록이라 하더라도 생태적으로는 황무지나 다름없다.

미국 사람들이 아시아에서 노박덩굴과 괴불나무를 도입할 때는 정원에서 아름답게 자라는 모습만을 상상했을 것이다. 하지만 살아있는 것들은 갇혀 있길 거부한다. 식물은 한번 자리를 잡으면 움직일 수 없는 존재인 것 같지만, 그들의 유전자는 종족 번식이라는 대단히 강력한 사명감으로 충만해 언제든 정원 밖으로 꽃가루와 씨앗을 내보낼 기회를 찾는다. 아름다운 꽃으로 벌과 나비를 유혹하고, 빨간 열매로 배고픈 새들을 불러 모은다. 바람 많은 날은 바람에 태워 보내고, 비가 오면 물결에 흘려보낸다. 매자나무와 보리수가 이렇게 새들을 타고 정원의 담을 넘었다. 생울타리로 사용되는 화살나무와 쥐똥나무는 울타리 너머 흩어졌다. 장미 대목으로 들여온 찔레는 뉴욕 남부의 토종 만병초 자생지를 점령했다. 뉴욕 환경청은 이 식물들을 제거하고 생태를 복원하기 위해 천문학적인 재정을 투입하고 있지만 승산 없는 싸움 같다. 문제를 일으키는 식물들을 침입종으로 분류하고 유통과 판매를 규제하고 있지만, 이미 동네 주택 정원에는 이들 수종이 자리를 잡은 지 오래고, 여전히 가든 센터에서 노박덩굴이 팔리고 있다. 침입종과의 싸움은 끝나지 않을 것이다. 힘에 부치는 처절한 저항만 계속될 뿐이다. 외래종 식물이 생태에 미치는 영향을 예측하기는 쉽지 않다. 다만, 식물을 도입할 때는 시장의 논리가 통했을 것이고, 기저에는 소유와 과시의 동기가 작동했을 것이다. 정원을 문명의 하부 구조로 규정하고, 식물을 가두어 관상의 대상으로 인식했던 시대의 업보가 이렇듯 가혹하다.

미디어에서 이런 문제를 다룰 때는 '정원의 배신', '정원 식물의 역습' 같은 드라마틱한 제목을 붙일 것이다. 과연 이것이 배신이고 공격일까? 정원은 정원의 일을 했고, 식물은 자신들의 본능에 충실했다. 그저 사람들이 정원과 정원 식물의 존재를 오해한 것이다. 그릇되게 가르치고 잘못 배웠다. 그런 점에서 침입종에 의한 피해는 인식의 배신이다. 정원을 탈출한 식물들은 오히려 정원과 정원 식물의 본질을 일깨운다. 정원의 세부적인 분류 중에는 장식 정원 또는 디스플레이 가든이라고 부르는, 작품으로서 일시적인 목적으로 조성되는 것들이 있긴 하지만, 본질적으로 정원은 쇼케이스가 아니다. 비오톱Biotope이라 불리는 작은 생태계이고 하나의 우주이다. 햇빛이 들고 바람이 스친다면, 벌과 나비가 날고 풀벌레가 깃들고 새가 앉아 쉰다면, 빗물이 스며들고 마른 꽃잎이 쌓이고 지렁이가 산다면, 그 정원이 손바닥만 할지라도 그곳은 자연과 연결되었고 자연의 일부이고 자연 그 자체다. 식물에게 종족 번식의 본능이 있듯이, 정원은 식물을 길러내는 숙명을 안고 생겨났다. 정원 밖으로 퍼지는 것은 식물의 관점에서는 탈출이고, 정원의 입장에서는 파송이다.

복음과 교회가 그렇다. 저명한 선교학자 랄프 윈터Ralph D. Winte 가 설명하는 선교 역사의 단면에는 복음을 가두려는 교회와 거기서 탈출하는 복음 사이의 긴장이 있었다. 먼저 유대인에게 계시되고, 유대인에 의해서 유대인에게 전해진 복음은 한동안 유대인의 율법과 할례, 성전 중심의 히브리 문화에 갇혀 있었다. 곧 이방 세계로 탈출하여 탈율법, 성경 중심으로 변모하며 헬라 문화권으로 확산되었다. 그 결과 로마에서 기독교가 부흥하는 듯했으나 그 시절 복음은 로마의 국경을 넘지 못했다. 3세기에 로마를 침략한 고트족, 즉 동게르만족이 잡아간 포로의 후손으로 알려진 울필라스Ulfilas는 게르만어로 성경을 번역했다. 이렇게 복음은 로마를 벗어났다. 이후 포악한 바이킹이 침략해서 끌고 간 여인들은 오히려 복음의 씨앗이 되었다. 유럽 전역으로 확산된 복음은 계속해서 문화의 옷을 갈아입으며 지역의 토착 문화 속으로 스며들었다. 선교 역사는 이흐름을 비유대화, 비로마화, 비유럽화, 비서구화 등의 용어로 정리하고 있지만, 나는 비非 대신에 탈脫이라는 좀 더 역동적인 접두어를 사용하고 싶다. 사람들이 복음을 제도화, 권력화된 교회 안에 가두려고 할 때마다 복음은 벽을 뚫고 담을 넘었다. 사람들이 정원에 가두려던 식물들이 비와 바람, 새와 동물들을 타고 탈출했던 것처럼 말이다.

　이런 원리가 선교 역사의 거시적인 고찰을 통해서만 드러나는 것은 아니다. 돌이켜보면 내 안의 복음도 그러했다. 나는

10대, 20대, 30대에 각각 다른 교회를 출석했다. 초등학교 저학년 시절 처음 다녔던 교회는 지금의 청주시와 세종시 사이에 있었다. 그 당시는 한적한 시골이었다. 청주 시내에서 버스를 타고 가야 했고, 버스에서 내려서도 한참 걸어가야 닿을 수 있는 곳이었다. 개척 멤버였던 큰 누님을 따라다녔고, 예배가 끝나면 교회 친구들과 논두렁을 달리거나 개울을 휘저으며 놀았다. 유년기의 아련한 추억이 녹아든 곳이었다. 시내로 이전한 교회는 번듯한 예배당도 마련하고 꾸준히 성장했다. 거기서 초중고등부를 거쳐오면서 나는 세례를 받고 방언을 하고 동역자를 얻었다. 서울로 대학을 다닐 때도 첫 일 년을 매주 그 교회로 내려가 봉사했다. 서울에서 교회를 정하고 다닌 지 한참 후에 나는 큰 누님을 포함해 개척 멤버가 모두 교회를 떠났다는 소식을 들었다. 오랜 기간 적립했던 선교기금 사용처를 놓고 담임목사와 갈등을 빚었다고 했다.

군대 제대 후 나는 서울에서 교회를 정했다. 서너 달 홀로 본당에서 열리는 주일예배에 참석하다가 대학부에 등록했다. 학교를 졸업한 후에도 한동안 대학부 간사로 섬겼다. 그곳에서 경험하고 깨달은 것들은 내 신앙관의 중요한 토대가 되었다. 어느 해인가 경기도 양평의 여름 수련회에서 들었던 에베소서 강해는 완만하지만 꾸준하게 내 신앙의 방향을 공동체 중심으로 선회시켰다. 결혼과 동시에 대학부 간사를 사임했지만 계속 그 교회를 출석했다. 그리고 담임 목회자가 바뀐 후 우리 부부 는 변화의 시기임을 공감하고 동대문구의 개척교회로 옮겼다. 교회를 옮겼지만 언론을 통해 이전 교회에 대한 소식을 듣게 되었다. 나는 나의 20대를 보낸 그 교회가 결국 변질되었다고 생각했다.

세 번째 교회인 동대문의 개척교회에 다니는 동안 우리 부 부는 인생에서 가장 치열한 시기를 보냈다. 간호사였던 아내는 3교대 근무에 기진했고, 나도 야근에 지쳤다. 둘째 아이가 태 어나고 장모님은 용인과 서울을 오가며 아이들을 돌봐 주셨다. 같은 시기에 우리는 대학부 시절 보다 더 밀도 있는 신앙 훈련 을 받았다. 새벽예배와 금요기도 모임에서 말씀을 나누고 수련 회에서 강의도 했다. 결혼 후 직장 생활과 육아라는 현실의 벽 에서 신앙적 기근을 겪기 쉬운 시기였지만 함께 신앙생활을 하 던 교회의 형제·자매들은 삶의 무게와 내면의 장애를 돌파하 는 법을 배워나갔다. 그 교회에서 10년이 되어갈 즈음 남다른 지도력과 영성으로 젊은 성도들을 이끌어 왔던 담임 목회자가 이런저런 문제들과 상처받은 성도들을 남기고 돌연 사임했다. 그 후 우리는 목회자 없는 주일예배를 드리며 새로운 교역자 청빙, 평신도 교회로 전향, 흩어지기 등 세 가지 진로를 놓고 기도하고 토론하며 3개월을 보냈다.

거센 바람 때문에

교회의 거취에 대해 고민과 토론과 기도가 깊어지던 12월의 어느 날, 나는 평소대로 오후 네 시에 사무실 근처의 탄천으로 나왔다. 당시에 일하던 회사의 대표는 마라톤 애호가였는데, 임원진들을 이끌고 매일 그 시간에 탄천변에서 뛰었다. 보통 10킬로미터를 달렸고, 마라톤 풀코스 대회가 임박한 시기에는 하프 코스인 21킬로미터를 달렸다. 분당 서현동을 출발해 탄천 산책로를 따라 죽전동 신세계백화점을 지나 한참을 더 내려갔다가 돌아오는 코스였다. 바람이 맵고 차던 그날, 탄천변의 마른 풀밭에는 하얀 솜털 조각이 여기저기 흩어져 있었다. 이색적인 풍경이었다. 솜털을 하나 집어 보았다. 고추씨 크기의 납작한 씨앗에 붙은 하얀 실오라기들. 박주가리 씨앗이었다. 식물에 별로 관심이 없던 때였지만 씨앗을 알아볼 수 있었던 것은 그날처럼 메마르고 추운 날 박주가리 열매의 벌어진 틈으로 후후 바람을 불며 씨앗을 날려 보내던 어린 시절의 기억 때문이다. 겨울 들판을 하얗게 덮은 박주가리 씨앗들은 마치 한 목소리로 나에게 이렇게 속삭이는 것 같았다.

'거센 바람 때문에 더 멀리 갑니다.'

당시에 교회에 남은 형제·자매들과 교회의 거취에 대해 고민하면서, 평신도 교회로 전향하는 것은 무모한 도전이고, 청빙은 손쉬운 타협이고, 교회 문을 닫는 것은 허무한 실패라는 생각을 했었다. 그런데 토론과 기도와 예배가 계속되면서 흩어지는 것에 대한 다각적인 생각들이 나눠졌다. 어떤 이는 이곳에서 훈련받고 경험한 것을 토대로 작은 교회를 섬기고 싶다고 했다. 어떤 이는 큰 교회에서 체계적으로 훈련받고 싶다고 했다. 어떤 이는 아쉽고 섭섭하고, 어떤 이는 혼란스럽다고 했다. 그들이 어떤 심정으로 교회를 떠나든지 간에, 저마다 하나씩 복음적 가치를 품고 있었을 것이다. 그걸 흩어서 퍼뜨려야만 할 이유가 있었을 것이다. 어려운 결정을 놓고 힘겨운 기도와 무거운 토론이 계속되던 시기에 마른 풀밭에 흩어진 박주가리 씨앗은 마치 계시와도 같았다. 흩어지는 것으로 결론이 난 후 우리는 교회 재산을 노회에 반납하고 교회 문을 닫았다.

분열된 교회, 변질된 교회, 사라진 교회로 귀결이 된 30년간의 '교회 생활'이 내게 남긴 것은 무엇일까. 허무함과 실패감을 안고 교회를 떠나는 일은 벌어지지 않았다. 목회자가 떠난 교회에서 3개월간 형제·자매들이 함께 예배를 드리고, 돌아

박주가리과의 자관백미꽃(*Asclepias incarnata*)의 씨앗주머니가 벌어졌다. 씨앗들은 곧
바람을 타고 정원 밖으로 날아갈 것이다.

가면서 설교를 하면서 오히려 우리는 교회의 본질에 대한 전례 없이 치열하고 간절한 탐구를 했던 것 같다. 흩어진 이후에 새로운 교회에 정착하기 전까지 강남의 대형교회나 노인 몇 분이 모인 시골교회에서 예배를 드리면서 비로소 담장 너머의 세상을 보게 되었다. 당시 어떤 교회를 찾을 것인지 생각하면서 "이런 교회를 찾습니다."라는 제목의 글을 끄적였었다. 잘 정리된 글은 아니지만 나의 교회관과 신앙관을 돌아볼 좋은 기회였다. 세 곳의 교회가 나의 생애 주기에 맞게 공급한 영적 자양분은 부인할 수 없는 은혜이다. 지역교회는 영속할 수 없고, 그럴 필요도 없다는 생각이 허무와 실패감을 누그러뜨렸다. 마치 하나의 길을 잇는 세 개의 징검다리처럼, 세 곳의 불완전했던 지역교회는 하나의 완전한 보편적 교회를 경험하는 과정들이었다. 무너져가는 교회의 희망은 교회 내부에 있는 것이 아니라 탈출하거나, 추방되거나, 흩어진 성도들이 떠도는 바깥 어딘가에 있다는 생각도 들었다.

지금껏 교회가 조금 편향되게 가르쳤던 내용 중 하나는 복음은 그릇을 가린다는 것이다. 잘 준비된 사람, 정결한 사람, 이런저런 조건을 충족한 사람. 틀린 내용은 없겠지만, 이것들이 기준이 되고, 제도가 되고, 권위로 인식되면서 결국은 복음을 그 안에 가두는 결과를 낳았다. 복음은 그릇을 가리지 않는다.

랄프 윈터의 연구를 인정한다면 우리는 복음이 제도의 기준에 충실하게 부합한 사람을 통해서만이 아니라, 고트족과 바이킹을 통해서, 포로와 난민들을 통해서, 가난한 유학생과 시장의 상인들을 통해 제도와 권력의 담장 너머로 흩어질 수 있다는 것을 시인할 수밖에 없다. 교회 문을 닫고 흩어졌던 형제들에게서, 가난하고 거칠고 상처 많고 불안정했던 나와 형제들에게서 나는 박주가리 씨앗이 품은 생명을 본다. 흩어지는 숙명을 받아들인 박주가리들은 번성할 것이다. 씨앗 주머니에 남아서 겨울을 보낸 씨앗들은 봄비에 짓물러 썩거나, 싹이 트더라도 자기들끼리 경쟁하다가 고사할 것이다.

'거센 바람 때문에 더 멀리 갑니다.'

내 안에 있는 복음의 씨앗은 어떻게 싹이 트고 자랄까. 나는 얼마나 멀리 날아가게 될까.

바벨탑과 다락방

"흩어짐을 면하자"(창11:4)

성경은 인류 역사에서 최초로 등장하는 조직적, 집단적 반항의 동기를 이렇게 표현하고 있다. 사도행전은 최초의 교회를 만든 사람들이 "천하 각국"(행2:5)에 흩어졌던 사람들이라고 기록한다. 앞에서는 하나였던 언어가 흩어졌고, 뒤에서는 흩어졌던 언어가 통합되었다. 선명한 대조를 통해서 성경은 흩어지고 모이는 것에 대해, 교회의 유형formation에 대해, 성도의 여정 flow에 대해, 연합과 파송fellowship and farewell에 대해 어떤 메시지를 던지고 있는 걸까. 지난 2000년간 주류 기독교는 바벨탑을 쌓고 있던 것은 아닐까. 탈기독교시대Post-Christendom, 탈교회시대De-Churching Age처럼 다소 강한 단어 속에 자조와 자기연민을 투사하는 대신, 흩어지는 것을 두려워하지 않기를 다짐해야 하는 것은 아닐까.

흩어지는 것이 물리적인 확산만을 의미하지는 않는다. 흩어진 사람들, 흩어진 복음의 씨앗이 자리 잡은 곳은 "생육하고 번성하는" 축복이 임하는 곳이다. 지역의 고유하고 다양한 문화는 복음이 입을만한 아름다운 의복을 제공한다. 복음은 지역의 언어로 전달되고 이해되고 적용된다. 그런데 어떤 선교는 침입종 취급을 받는다. 지역 생태계의 종다양성을 허물고 단일 종의 군락으로 만들어 버리는 모습은, 지역의 고유한 특성을 말살했던 과거의 선교 정책을 생각나게 한다. 아메리카 원주민으로서 뉴욕주립대에서 환경생물학을 가르치는 로빈 킴머Robin W. Kimmerer 교수는 미국에서 큰 반향을 불러일으킨 책『향모를 땋으며』에서 미국인들이 어떻게 아메리카 원주민의 문화와 언어를 소멸시켰는지를 생생하게 고발한다. 소년들을 강제로 징집했던 일본군들처럼, 원주민 아이들을 강제로 끌어다가 공립학교 기숙사에 가두고 영어만을 쓰도록 했다. 이러한 정책은 원주민 부족들이 언어와 문화를 전수하는 흐름에 큰 간격을 만들었다. 미국이 풍요한 경제와 강력한 군사력을 자랑한다고 하더라도, 이 대지가 소유하던 수많은 아름다운 언어와 문화와 자연과 교감하는 지혜와 수많은 물소와 원시림과 초원을 상실했다는 것은 부인할 수 없는 사실이다. 지금의 선교에서 이런 방식이 반복되고 있다면 슬픈 일이다. 제도와 권력의 파송을 받는 대신, 흩어지려는 의지를 발휘하는 복음의 그릇이 되는 선교의 각론이 무엇인지 세 교회의 경험을 성찰하며 여전히 탐구 중이다.

나는 교회를 사랑한다. 하지만 성도들이 교회에 길들지 않기를 바란다. 좀 더 정확히 표현하면 종교의 제도와 권력, 자본과 인맥, 프로그램과 컨텐츠에 순응하지 않기를 바란다. 부흥의 시대라고 불렸던 시기에, 오히려 옷을 갈아입고 고트족의 말을 타고 바이킹의 배를 타고 국경을 넘었던 복음처럼, 중심에 머무르기보다 주변으로, 가난한 곳으로, 거칠고 야만스러운 곳으로 진격했던 복음처럼, 그렇게 흩어지기를 바란다. 건강한 정원이 그러한 것처럼, 건강한 교회는 성도들을 옥토에 가두고 비대하게 만들지 않는다. 건강한 성도는 복음의 유전자를 품고 교회를 탈출해서 오히려 교회를 건강하게 만든다. 나는 이런 흩어짐이 이 시대가 표현하는 "선교적 교회"의 진정한 파송이라 생각한다.

겨울 정원

신이 침묵할 때, 마음이 가난할 때, 고뇌가 가득할 때

"잎눈이 검은 걸 보니 안개나무가 맞구나."

코끝이 알싸한 겨울 아침, 뒷마당 나무를 살피다가 잎이 다 떨어진 관목에 눈길이 갔다. 집 근처 수목원에서 해마다 열리는 식물 장터에서 데려온 나무다. 유럽안개나무*Cotinus coggygria*를 개량한 품종으로 몽글몽글 피어나 몽환적인 분위기를 자아내는 꽃과 짙은 자색의 고혹적인 잎사귀가 매력적인 수종이다. 이 나무를 보니 4년 전 콜로라도 주립대학에서 열린 전국 대학생 조경 대회에 참가했던 때가 떠오른다. 나는 '나무 이름 알아맞추기' 종목에 출전했다. 넓은 강당에 꾸려진 대회장에 들어서니 테이블 위에 나뭇가지들이 놓여있었다. 화분에 담긴 서너 종의 관목과 솔잎이 무성한 두어 개를 제외하면 모두 그저 마른 가지들이었다. 참가자들은 나무 50종을 차례로 지나면서 답안지에 학명과 일반 명칭을 적어야 했다. 어떤 나무는 도무지 감이 잡히지 않았는데 마침 전날 학교에 딸린 수목원을 함께 거닐면서 지도교수가 건넨 한마디가 기억났다. '안개나무는 잎눈이 까맣다.' 그렇게 한 점을 벌었다.

직면의 계절

해가 점점 짧아지고 정원은 서서히 갈색으로 변해간다. 화려한 색상과 독특한 질감을 뽐내던 나무들도 그 영화로움을 내려놓을 때다. 나무들에게 이 계절은 죽어 있는 시간처럼 느껴진다. 잎도 꽃도 나무가 가진 고유한 특징을 다 상실한 채 무명씨처럼 살아야 하는 시간이다. 하지만 아이러니하게도 이 계절은 정원사들이 나무 종류를 알아내는, 즉 동정同定을 훈련하는 최적의 시간이다. 꽃과 잎은 수종을 식별하는 중요한 단서지만, 때로는 너무 다양해서 오히려 혼란스럽고, 이를 이용할 수 있는 기간도 짧다. 나무들은 자신의 정체성을 가장 가난한 계절에 가장 선명하게 드러낸다. 나무껍질의 무늬, 그 위에 촘촘히 새겨진 피목皮目,[26] 잎이 떨어져 나간 흔적의 모양과 그 속의 관다발 배열, 잎눈의 모양, 그걸 덮은 비늘의 수, 잎눈이 어긋나있는지 마주나있는지, 겨울나무들은 자신들의 정체성에 관한 단서들을 곳곳에 숨겨놓았다. 나무 공부를 시작하면 나무에 지문指紋과도 같은 이 실마리들을 관찰하느라 겨울이 바쁘다. 이뿐 아니라 나무의 진짜 아름다움은 겨울에 드러난다. 본연의 수형은 무성한 잎을 다 떨군 후에야 선명해진다. 마치 프랙털 구조[27]처럼 무질서한 듯 규칙적인 줄기의 분화, 잔가지들의 미려한 곡선, 확장과 겹침, 하늘과의 경계에 드리워진 실루엣. 수종마다 전체적인 수형과 가지들이 분기하는 모습이 제각각인데, 겨울 숲에 들어선 나무들이 펼치는 직선과 곡선의 향연은 마치 한 편의 교향곡과도 같다.

11월이 되면 정원사들은 월동 준비로 부산하지만 식물들은 의연하게 겨울을 준비해왔다. 뿌리를 비롯한 여러 조직 속에 양분을 비축하고, 때에 맞춰 잎을 떨구면서 불필요한 대사 작용을 멈춘다. 낙엽이 저절로 떨어지는 것처럼 보이지만, 나무들은 잎자루와 가지의 세포벽 사이에 분해 효소를 집중하여 탈리층脫離層[28]을 만들고 능동적으로 잎자루를 잘라낸다. 건강한 나무라야 낙엽을 과감하게 털어낸다. 병든 나무, 생리적인 문제가 있는 나무는 낙엽이 잘 지지 않는다. 11월의 식물원은 나무들이 벌이는 탈리의 마법에 빠져드는데 바로 낙엽과의 전쟁이다.

백 년 수령의 수백 그루 노거수들이 쏟아내는 낙엽의 양은 엄청나다. 서너 명이 송풍기를 등에 메고 잔디밭에 달라붙은 잎들을 떼어내면 뒤쪽에서 이동형 송풍기가 강한 바람으로 낙엽들을 한 방향으로 날려 보낸다. 넓은 잔디밭을 청소할 때

낙엽 제거 작업이 한창이다. 사진 속 모습은 거의 마무리 단계이지만 아직 떨어져야 할 잎들이 더 많은 듯 하다.

는 트랙터에 매달린 초대형 송풍기가 동원되기도 한다. 한쪽으로 날려 보낸 낙엽들을 도로 가장자리를 따라 길게 쌓으면, 흡입기를 장착한 트럭이 지나가며 빨아들인다. 낙엽으로 가득했던 잔디밭은 문자 그대로 초록빛 카펫처럼 말끔해지지만, 내일은 내일의 낙엽이 떨어질 것이다. 두 달 동안 20여 명의 부지관리팀Arboretum and Ground 정원사들이 총출동해서 거의 매일 낙엽 제거 작업을 펼친다. 잎들에 가려졌던 하늘이 보이고 가지들의 윤곽이 드러날 즈음 이 전쟁은 마지막 고비를 맞이하는데 바로 미국풍나무Liquidambar styraciflua 열매 제거 작업이다. 식물원 도서관 동편 잔디밭은 300년 수령의 거목을 비롯해 다수의 미국풍나무가 기둥처럼 하늘을 떠받치고 서 있다. 풍나무 열매는 팥죽 경단 크기에 구형인데 표면은 가시 같은 돌기가 빽빽하게 덮고 있다. 이 돌기들이 잔디를 단단하게 붙잡고 있어서 날려 보내기가 좀처럼 쉽지 않다. 열매는 흡입 장치로 빨아들일 수도 없기에 일일이 삽으로 퍼서 작업용 트럭에 싣는다. 이 열매는 쉽게 썩지 않아서 퇴비로 사용하지 못한다. 1월경 풍나무 열매까지 말끔하게 치워지면 낙엽과의 전쟁은 일단락되고 곧이어 눈과의 전쟁이 시작된다.

식물원만큼은 아니어도, 가을 청소는
미국 주택에서 치러지는 연례행사 중 하나이다. 집집이 아름드
리 참나무류나 미국 자생 단풍나무가 마당 이곳저곳에 자리를
잡고 있다. 한 그루만 있어도 낙엽이 엄청나게 쌓인다. 이 시기
에 가지치기도 많이 하는데 잘린 가지들은 금세 수북하게 쌓인
다. 정원에서 나온 마른 식물들도 한몫한다. 은퇴한 노부부 가
정이나 일이 바쁜 사람들은 엄두를 내지 못하고 조경업체를 이
용한다.

죽은 식물들과 낙엽을 싹 걷어내고 새 멀칭재를 깔아 말끔
하게 단장했다면 겨울맞이가 끝났다는 뜻이다. 일을 마친 집주
인 어깨에는 힘이 들어가고 표정은 의기양양해 보인다. 정원
은 언제나 비교 대상이고 사람들은 늘 옆집을 의식한다. 장비
를 동원해서 대단히 효율적인 방식으로 인간 기준의 아름다움
을 만들어내는 동안, 사람들은 겨울 정원의 자연스러운 아름다
움과 그 속에 내재된 생태적인 균형을 날려버리고 만다. 가을
에 수확 대신 청소라는 말을 쓰는 것은 미국의 주택 정원이 안
고 있는 역설 중 하나다.

그런데 생태 감수성이 높아지면서 사람들은 늦가을의 말
끔한 정원에 문제 의식을 갖기 시작했다. "낙엽을 그대로 두세
요." 정원에 쌓인 낙엽을 그냥 두라는 목소리가 높아지고 있다.

전문가들은 낙엽뿐 아니라 생을 다한 초화류草花類의 잎과 줄기들, 특히 꽃대와 씨앗들을 그대로 두라고 조언한다. 겨우내 배고픈 새들의 먹이로 곤충들의 동면 은신처로 요긴하기 때문이다. 낙엽들은 겨울철 토양의 수분과 온도를 유지하여 식물의 뿌리가 얼어 죽는 것을 막아줄 뿐 아니라, 곤충과 그 유충들, 지렁이를 비롯해 유기물을 분해하여 토양을 개량하는 각종 절지동물과 미생물들의 중요한 서식처가 된다.

생태적 가치 외에도 겨울에 남겨진 식물들의 중요한 역할은 문자 그대로 겨울 정원을 만드는 것이다. 자연주의 정원가들을 중심으로 갈색 미학에 대한 담론들이 피어오르기 시작했는데, 실제로 마른 식물체들은 겨울 날씨와 어우러져 드라마틱한 장면을 연출한다. 겨울바람이 아직 차갑던 3월의 첫날 나는 인턴 근무를 시작했는데, 거기서 투명하도록 빛이 바랜 떡갈잎수국Hydrangea quercifolia 꽃잎이 햇빛을 머금은 모습에 넋을 잃었던 기억이 난다. 겨우내 눈과 바람 속에서 본래의 색을 다 잃어버린 후에 빛으로 새로 태어나는 광경이었다. 뉴욕의 도시 정원 하이라인에는 우리나라 원산의 새풀Calamagrostis brachytricha이 주제 식물 중 하나로 인식되고 있다. 바람을 타고 가볍게 흔들리는 이삭들이 허드슨강 뒤로 넘어가는 햇빛을 받아 황금색으로 빛나는 모습은 차갑고 메마른 맨해튼 도심 풍경을 다른 차원으로 바꾸어놓는다. 추명국 또는 아네모네라 불리는 대상화*Eriocapitella sp.*는 꽃자루의 독특한 곡선과 그 끝에 매달린 조그만 구형 씨방들이 어우러져 정교한 금속 공예품 모습으로 겨울을 보낸다. 이 밖에도 냉초, 들국화, 베르가모트, 에린지움, 알리움을 비롯하여 여러 종류의 그라스등 가을 청소 때마다 잘려진 정원 식물들이 이제는 겨울 정원의 주역으로서 생태적, 미학적 가치를 인정받고 있다.

정원 생태계의 한 해 소산물을 말끔하게 제거하는 가을 청소 관행은 정원이 소유와 과시의 수단이었던 낡은 사상에서 기인한다. 인간이 필요한 것은 수확하고, 생태계가 필요로 하는 것은 그대로 남겨두는 일이 자연이 가르치는 월동 준비의 원리다. 겨울은 이렇듯 공존의 기술을 발휘하면서 열어가는 계절이다. 마음 챙김mindfulness이라고 조금 어색하게 번역이 된 이 단어는 춥고 배고픈 계절을 견뎌야 하는 생태적 이웃들을 배려하는 정원사의 마음을 표현하는 데 적합한 개념이다.

생명의 계절　　　　봄날의 향연이 계절의 시작이라 생각하기 쉽지만, 이 잔치는 대부분 지난해 가을과 겨울부터 준비된다. 이른 봄 언 땅을 뚫고 나와 꽃을 피우는 크로커스, 수선

뉴욕 하이라인의 겨울. 코스모스를 닮은 키다리금계국(*Coreopsis tripteris*)의 마른 꽃대
가 자하 하디드의 건축물과 어우러져 있다.

화, 튤립 등 구근식물들은 5도 이내 저온에 4주 이상 노출된 후에 생장점이 활성화된다. 6월의 주인공 수국의 꽃눈은 겨울 냉기에 노출되어야 이듬해 꽃을 피울 수 있다. 씨앗들은 혹독한 겨울을 거쳐야 발아 억제 장치가 해제되면서 싹을 틔운다. 겨울은 생명의 순환 주기에서 결코 단절이나 정체가 아니다. 다만 식물 생존의 조건 중 그 계절이 제공하는 것들이 다소 혹독하게 여겨질 뿐이다. 인간의 언어로 표현하면 시련 또는 연단의 과정이다. 그런데 그 시간은 씨앗들에게 출발신호다.

식물은 겨울을 스스로 정의한다. 생장에 필요한 시간을 최대한 확보하면서 냉해의 위험을 최소화하는 절묘한 타이밍을 겨울의 시작으로 정한다. 나무는 점점 짧아지는 낮의 길이를 감지하여 그 시점을 정확하게 찾아낸다.[29] '겨울'이 되면 나무는 잎을 떨어내고 광합성을 비롯한 여러 대사 작용을 멈춘다. 그리고 혹한에 대비할 수 있는 단단한 조직을 만들어낸다. 나무가 겨울의 끝을 선언하는 메커니즘도 신비롭다. 잎눈과 꽃눈은 빛 대신 온도를 감지한다. 잎눈과 꽃눈에서는 추운 겨울을 견디기 위한 보호 장치가 작동하는데 일정 기간 냉기를 거쳐야 이 장치가 해제된다. 나무의 눈은 축적되는 온도를 감지하여 언제 눈을 터뜨릴지 결정한다. 이 경우에도 첫서리로 인한 피해를 최소화하면서 광합성을 위한 기간을 최대한 확보할 수 있

는 시점을 찾아낸다.[30]

온대림을 구성하는 나무들이 겨울을 맞이하고 보내는 이 신비한 과정은 서식지의 기후와 정교하게 조화를 이룬다. 나무의 겨우살이는 동일한 생태계 속에서 더불어 사는 생물의 생태와도 긴밀하게 연결되어있다. 수많은 곤충이 알이나 유충의 형태로 겨울을 나는데, 이들이 부화하거나 깨어나는 시점은 이들이 먹고사는 식물의 잎눈과 꽃눈이 터져서 자라기 시작하는 시기와 완벽하게 동기화된다.

겨울의 생태계가 이렇게 오묘하다. 현미경으로나 관찰이 가능한 미세한 공간 속에서 우주 스케일의 질서가 작동하고 있다. 널찍한 도시 정원에서도, 손바닥만 한 마당 정원에서도 이 신비로운 역동성은 현재진행형이다. 그런데 도시의 과도한 빛과 열에 의한 교란, 특히 겨울의 길이와 기온을 서서히 바꾸는 기후변화가 이 균형을 허물고 있다. 대개 곤충의 부화 시기는 잎눈에 비해 겨울 기온의 변화에 덜 민감하다. 겨울철 기온 상승으로 잎눈이 먼저 터져서 잎이 자라게 되면 새순을 먹고 자라는 유충들은 먹을 것을 잃고 만다. 이는 통제할 수 없는 생태계 혼란으로 확대된다.[31]

나무가 스스로 겨울을 정의하고 그 계절을 향유하는 독특한 방식들을 갖고 있더라도 겨울은 가혹한 계절이다. 나무는 춥고 건조한 대기와 꽁꽁 얼어붙은 토양, 햇빛의 양에 따라 달라지는 나무 표면의 극심한 온도 차이를 견뎌야 한다. 어린 가지는 얼어 죽기 쉽고, 얼고 녹기를 반복하는 토양은 금세 갈라져 차가운 공기에 뿌리를 노출한다. 단풍나무의 경우 남쪽을 향한 나무 표면은 강한 태양열에 데워졌다가 얼기를 반복하면서 껍질이 세로로 길게 갈라지는 피해를 자주 입는다. 당분이 듬뿍 저장된 나무껍질과 새 가지는 겨울철의 배고픈 짐승들을 피하기 어렵다.

어떤 나무는 혹독한 환경에 대응하기 위해 자구책을 만들었다. 하얀 수피가 아름다운 흰자작나무*Betula papyrifera*는 껍질 표면의 하얀색으로 강렬한 태양광을 반사하여 안쪽의 연한 조직을 보호한다. 침엽수로 가득한 북미 냉대림 속에서 노란색 단풍으로 아름다움을 더하는 북미사시나무*Populus tremuloides*는 옅은 녹회색 수피가 돋보이는데, 나무껍질에 들어 있는 엽록소 때문이다. 겨울철 맑은 하늘에서 내리쬐는 태양 빛을 활용하여 나무껍질에서 광합성이 일어나고, 이 에너지로 극한의 계절을 살아낸다. 나무껍질 세포들이 동결을 방지하는 방식도 대단히 복잡하다. 멈춘 듯한, 죽은 듯한 겨울나무들이 그 혹독한 시간을 보내는 속사정은 이렇듯 경이에 가깝다.

겨울 자작나무의 눈부신 수피는 강렬한 태양빛으로부터 껍질 안쪽의 생장점을 보호하기 위한 자구책이다.

8년 전 북위 42도의 뉴욕주 알바니에 정착했을 때, 처음에는 삭막하고 긴 겨울이 부담스러웠다. 한국의 지인들이 물어볼 때마다 개마고원과 위도가 같은 곳이라고 얘기해줬다. 이곳에서의 첫눈은 10월이었다. 눈사람을 만들고 눈썰매를 탈 정도로 많이 쌓였다. 둘째 아이의 축구 경기가 예정되었던 4월의 첫 일요일에도 눈이 내렸는데 경기는 예정대로 치러졌다. 늘 조용한 동네에 활기가 도는 때라고는 잔디를 깎고 눈을 치울 때였다. 나이 드신 한국 분들은 이곳의 겨울이 힘들다고 하셨고, 많은 사람이 은퇴 후에는 남쪽의 조지아나 플로리다로 가서 살겠다고 했다. 우울증을 호소하는 분들도 많다고 들었다.

그런데 한 해 두 해 겨울을 보내면서 이곳의 겨울 풍경에 빠져들었다. 아파트 창밖으로 하얗게 쌓인 눈 위에 아침 햇살이 금빛으로 부서지는 모습을 바라보는 것이 좋았다. 눈밭에는 어김없이 사슴 발자국이 찍혀있었다. 미국으로 이주한 이듬해 우리는 집을 장만했는데, 벽난로가 있었다. 겨울마다 땔감을 준비하던 시골 풍경이 생각났다. 처음에는 나무를 사다 쓰다가 얼마 후 커다란 도끼를 장만했다. 목재로 된 이층집에서 한국 온돌방의 온기를 기대하기는 어려웠고 난방비는 비쌌다. 추운 날 우리는 장작을 쌓아놓고 벽난로 앞에서 시간을 보냈다. 폭설로 스쿨버스가 다닐 수 없는 날은 새벽에 휴교를 알리는 문자메시지가 왔고 아이들은 환호성을 질렀다. 네댓 살 때 시골집에서 아궁이에 구운 감자를 처음 맛보고 눈이 휘둥그레졌던 둘째 아이는 여기서도 겨울마다 구운 감자를 주문한다.

아이들은 스케이트와 스키로 긴 겨울을 바쁘게 보냈다. 뉴욕주 정부 청사 단지 중앙에 겨울마다 야외 스케이트장이 열린다. 고풍스러운 주청사 빌딩과 이름 그대로 달걀 모양의 콘퍼런스 센터인 에그, 뉴욕 주립 박물관 건물에 둘러싸인 도심 속 야간 스케이트는 운치도 남달랐다. 영하 10도 가까운 날에도 아이들은 볼이 빨개지도록 스케이트를 탔다.

처음 이곳에 왔을 때 낯선 곳에서 아이들이 잘 적응할 수 있을지 걱정이 많았다. 춥고 긴 겨울은 어떤 도전일까 긴장도 되었다. 미국으로 오기 전에 아이들은 남위 8도 열대의 섬에서 1년을 보냈었다. 보르네오섬 모래밭에서 두꺼비집을 만들며 놀던 남매는 여기서 이글루를 만들며 놀았다. 가장 혹독했던 코로나의 겨울에 입시를 준비했던 첫째 아이는 대학생이 되었고, 겨울이면 맨해튼 빌딩 숲에서 스케이트를 즐긴다. 친구 하나 없던 미국 학교에서 혼자 도시락을 먹으며 가끔 울먹이기도 했던 둘째 아이는 겨울마다 학교 친구들과 스키를 타러 다닌다. 폭설이 내릴 때마다 앞마당 눈을 치우느라 기진해지고 차

눈 쌓인 아침 아파트 창밖으로 펼쳐지는 풍경이 겨울의 나를 위로했다.

가 눈길에 빠져 곤욕을 치르기도 했다. 나무가 많은 이 동네는 폭설로 인한 정전도 잦았고 인터넷이 끊기는 일도 많았다. 그렇게 혹독한 겨울 속에서 아이들은 성장했고 우리는 가족으로 단단해졌다.

성도의 겨울은 어떻게 정의할까. 체감하는 환경의 가혹함이 어떠하든 겨울은 자아와 직면하는 시간이다. 벌거벗은 나무들이 오히려 동정의 실마리들을 가장 다양하게 제시하듯이 모든 것을 상실했을 때 자신을 더 깊이 이해하게 된다. 미국에 와서 보낸 첫 2년은 사계절이 겨울 같았다. 한국에서의 학력과 경력은 아무 쓸모가 없어 보였고 직업과 수입이 없는 삶 속에서 나 자신이 더욱 초라하게 느껴졌다. 그런데 나를 위로한 건 오히려 겨울이었다. 북위 42도의 길고 추운 겨울은 겪어보지 못했던 가혹함이었지만 그 속에서 적응하며 삶을 세워가는 아내와 어린 자녀들의 삶이 대견하게 느껴졌다. 대학에 편입해 나무를 공부하기 시작하면서 나무들의 겨울 생태는 나무 공부가 아니라 인생 공부가 되었다.

신이 침묵할 때, 마음이 가난할 때, 감정과 사유 속에 고뇌가 가득할 때 우리는 겨울의 빈 들판에 선 자작나무와도 같은 자신을 발견한다. 하지만 그 나무는 죽지 않았다. 생명의 메커니즘은 여전히 작동하고, 정교한 보호 장치들이 돌아간다. 줄기의 수피와 가지의 선들이 드러나고, 잎눈과 엽흔葉痕[32]과 그 상처 속의 미세한 관다발 조직의 패턴까지 나타난다. 나무의 가장 나무다운 모습이 드러나는 시간이다. 영혼의 겨울도 그렇다. 광야에 선 실존이 자신에게 그리고 신에게 가장 정직하다. 이때가 존재의 출발점이고, 우리는 여기서 긴 여정을 위한 채비로서 안식을 경험한다.

나의 정원, 나의 성소

이제야 산을 오른다. 단풍이 절정일 때는 바쁜 일에 쫓기다가, 끝물 단풍이라도 보겠다며 길을 나섰을 때는 이미 겨울의 문턱이다. 나무들은 잎을 다 떨구었고 바닥에 쌓인 잎은 발목까지 덮는다. 등산 코스는 초반부터 가파른 절벽이다. 직립보행은 일찌감치 포기하고, 두 손과 두 발을 다 써서 바윗길을 올라간다. 사람 키 높이인 낮은 절벽에 짧은 나무 사다리가 걸쳐 있다. 가뿐하게 올라가 숲길을 걷는다. 아주 추운 날씨는 아니지만, 간밤에 얼었던 계곡에는 아직도 얼음이 남아있다. 다시 절벽이 앞을 가로막는다. 이번에는 끝이 하늘과 닿은 듯한 긴 나무 사다리가 걸쳐있다. 조심조심 사다리를 타고 올라가 바위틈으로 길을 더듬어 가서야 겨우 능선에 올라섰다. 온통 바위로 이루어진 능선은 남쪽을 향해 볼록하게 원호를 그리며 뻗어 있다. 등산로 입구가 있는 남쪽은 가파른 절벽이다. 북쪽으로는 절벽에 둘러싸인 평평한 고원이 펼쳐진다. 그 가운데 커다란 호수가 자리를 잡고 있다.

이날 오른 산은 뉴욕 북동부에 넓게 자리 잡은 애디론댁 산지에 솟은 100여 개 봉우리 중 하나다. 애디론댁 산지는 약 1만 3천 제곱킬로미터로 뉴욕주의 5분의 1을 차지하고, 남한 면적의 10분의 1에 해당하는 광활한 지역이다. 이 지역은 약 10억 년 전에 형성된 화강암반으로 이루어졌는데, 현재 지형은 그보다 훨씬 최근인 1만 8천 년 전 빙하기 때 만들어진 것으로 알려졌다. 빙퇴석 지대도 흔하고, 그때 만들어진 호수들이 곳곳에 널려있다. 그중 공식적인 이름이 붙은 것이 애디론댁 산지에만 200개에 달하고, 그 외 크고 작은 연못과 습지까지 합하면 이 지역 호수는 3천 개가 넘는다. 애디론댁 산지는 대부분 자연보호구역으로 지정되어있고 주립공원으로 관리되고 있다.

이곳은 "키다리 아저씨"라는 제목으로 잘 알려진 진 웹스터Jean Webster의 소설, 『Daddy-Long-Legs』에도 등장한다. 주인공 주디의 친구 샐리의 별장이 있는 곳이다. 이 소설이 1912년에 발표되었으므로 일찍부터 이 산지 곳곳에 부호들의 별장들이 들어섰음을 알 수 있다. 지금도 마찬가지다. 다행히 요즘은 이곳에서 여름휴가를 보내기 위해 큰 부자가 될 필요가 없다. 뉴욕 주 정부에서 운영하는 저렴한 캠핑장과 산장도 많고,

숙박 플랫폼 서비스에 등록된 민간 주택들도 쉽게 이용할 수 있다.

성전에 올라가는 노래

그 때문에 이 산지는 8년 차를 맞는 우리 가족의 이민 살이에 빼놓을 수 없는 장소가 되었다. 1년에 두어 번에서 많으면 서너 번씩 산에 오르거나 캠핑을 했고 겨울이면 저렴한 스키장을 찾아다녔다. 카약을 신고 산속에 숨겨진 호수들을 찾아 뱃놀이를 즐기기도 했다. 언어도 문화도 낯설었던 시기에, 특히 코로나 기간 대자연에 파묻혀 시절을 즐기던 경험은 작지 않은 위로가 되었다. 이곳 한인교회에서 만난 한 친구는 뉴욕 주 정부에서 건축사로 일하는데, 아웃도어 활동의 귀재다. 마치 피리 부는 사나이처럼, 아이들과 아빠들을 이끌고 혼자서는 감히 시도할 수 없는 산행을 주도하기도 했고, 출장 중 우연히 알게 된 캠핑장과 산장을 찜해두었다가 우리를 그곳으로 초대하기도 했다. 그는 "이 아름다운 자연을 즐기지 않는 것은 창조주에 대한 직무 유기"라고 주장했다. 처음에는 교회 봉사와 훈련에 소극적인 자신의 태도에 대한 변명으로 여겼는데, 시간이 지나면서 그 주장이 진실하다고 여겨졌고, 지금은 신봉하게 되었다. 주일예배를 대신할

애디론댁 산봉우리 중 하나인 블랙 마운틴의 가을 풍경. 뒤로 보이는 호수는 빙하기에
생긴 조지 호수이다.

수 있다고 생각하지 않지만, 산에 오를 때 나는 성전에 올라가
는 노래들을 읊조리고 싶어진다.

산을 오를 때마다 펼쳐지는 장엄한 경관도 좋지만, 바위틈
에 쪼그리고 앉아 식물을 관찰하는 일도 큰 즐거움이다. 책을
통해서나 정원에서 알게 된 식물들을 본래 서식처에서 마주하
는 일은 특별한 경험이다. 잎눈이나 나무껍질 등으로 단번에
식별할 수 있는 것은 첫눈에 "아, 이게 그거구나!"하며 감탄
어린 첫 만남을 기념할 수 있지만, 긴가민가한 것은 여러 부위
사진을 찍어서 나중에 따로 알아보는 수고를 해야 한다. 특히
고사리류가 그렇다. 크리스마스 고사리*Polystichum acrostichoides*
처럼 특징이 분명한 두어 종을 빼고는 고사리 도감을 참고해
가며 잎이나 줄기, 포자낭을 관찰해야 어느 정도 식별이 가능
하다.

이날은 유독 미역고사리속의 록 폴리포디*Polypodium
virginianum*가 눈에 많이 띄었다. 잎 모양이 크리스마스 고사리
와 아주 비슷하고 둘 다 겨울에도 초록이 선명한 상록 고사리
이지만, 낙엽 덮인 평지에 주로 분포하는 크리스마스 고사리와
달리, 록 폴리포디는 바위틈에서 주로 자라며 크기가 훨씬 작
다. 앙증맞은 고사리가 바위틈에서 새초롬히 고개를 들고 있는
모습은 바위째 떠다 정원에 옮기고 싶을 만큼 매력적이다. 이

산은 높이로 치자면 1천 미터 정도인 평범한 산이지만, 위도가 북위 43도인 점을 고려하면 냉대림에 가깝다고 할 수 있다. 이런 곳에서 겨울의 문턱에 만나는 상록 고사리는 자연에 대한 경외감을 불러일으킨다.

능선에서 내려와 숲길을 따라 호수를 찾아 나선다. 숲길은 대부분 물길을 따라 나 있다. 계곡을 따라 가늘게 이어진 숲길은 바위와 호박돌이 어지럽게 늘어진 계류와 만나기도 하고 떨어지기도 한다. 숲길은 화강암반을 곱게 덮은 이끼밭 사이로 얕은 실개울을 따라가기도 한다. 밑창을 겨우 잠기게 할 만큼 잔잔하게 바위를 적시는 물길을 찰방찰방 걸을 때 아이들도 어른들도 기분이 좋다. 물은 길을 알고 있다. 물이 흐르는 곳으로 사람도 다니고 짐승들도 그 길을 이용한다. 햇살도 우거진 수풀 사이로 벌어진 물길을 따라 숲 안으로 스며든다. 숲길은 사람에겐 길이지만 짐승들에게는 장벽이 되어버린 문명 속의 길과는 다르다.

길은 내는 것이 아니라 나는 것이다. 자연이 허락한 여백을 따라 겸손하게 다음 발걸음을 내딛는 것이다. 산업화 시대 이전까지는 문명도 생태도 이 길을 통해 풍요롭게 흘러왔다. 그런데 지금 우리는 길에 있어서 너무 폭력적이다. 길을 내면서, 길을 가면서 수많은 생명을 짓밟는다. 산을 깎고 강을 메워서

이 작고 예쁜 고사리는 바위 틈이나 나무 둥치의 비좁은 틈에서 주로 발견된다.

만든 건 길이 아니라 조급함과 탐욕과 강박의 배수로일지도 모른다. 이 숲에서, 원초적인 길 위에서 다시금 길의 의미를 되새겨본다.

창조 역사 관람권   숲길 주변은 태곳적 신비가 그대로 남아있는 듯하다. 이 길을 걸으며, 2만 년 전 빙하로 덮였던 이곳이 어떻게 지금의 울창한 숲이 되었는지를 상상해본다. 빙하가 쓸고 간 산지에는 매끈한 바위만 남았을 것이다. 어디서부터인가 바람을 타고 날아온 이끼 포자가 바위 표면의 미세한 틈에 자리 잡았을 것이다. 서서히 바위를 덮은 이끼는 한 해 한 해 더 두터워졌을 것이다. 도톰한 이끼 융단은 수분을 잘 머금어 늘 촉촉했을 것이다. 그 위에 바람을 따라 날아온 수천수만의 고사리 포자가 내려앉았을 것이다. 그중 한두 개가 싹이 트고 뿌리를 뻗으면서 바위 위에 활착한 이끼를 더 단단하게 붙잡았을 것이다. 바위 표면은 생을 다한 식물들 잔해가 쌓이면서 유기물층이 두터워지고, 그 위로 새들이 떨어뜨린 전나무와 가문비나무 씨앗이 뿌리내렸을 것이다. 수천 년 수만 년 동안 황량했던 바위산이 침엽수로 덮이고 동물들이 깃들면서 지금 내가 선 숲이 만들어졌을 것이다.

애디론댁 숲길에서는 이 거친 시나리오의 시작과 완성, 그리고 과정에 해당하는 모든 장면을 목격할 수 있다. 이끼가 덮기 시작한 바위, 모자처럼 고사리로 덮인 바위, 그 위에서 올라오는 새끼손가락 크기의 전나무와 가문비나무 싹들. 한 지역의 식생이 이루어지기까지 사람에게는 수십 세대에 해당하는 긴 세월이 흘러야 한다. 하지만 그 자연사自然史적 서사의 중요한 장면들을 직접 확인하는 일은 비유하자면 하나님의 창조 역사 관람권을 손에 쥔 것 같은 특별한 감정을 불러일으킨다.

이 시간은 정원사에게 의미 있는 학습 기회이자 신앙인에게 가장 순수한 의미의 영성이 함양되는 순간이기도 하다. 잘 가꾼 정원을 많이 다녀보는 것만큼 정원 공부에 좋은 방법은 없다. 그렇다면 숲과 습지와 초원을 탐험하는 일은 정원을 공부하는 가장 좋은 길이다. 자연은 정원의 기원이자 완성이기 때문이다. 최근 부쩍 이러한 명제를 전제로 정원을 연구하는 책들이 많이 눈에 띈다. 자연에서 정원을 공부하는 정원가들의 현장 탐방도 활발하다.

실제로 숲길 곳곳에는 눈길을 끄는 식물들이 많다. 신기하고 작고 예쁘다. 첫 인류의 눈에 비친 선악과만큼 매력적이다. 사람들은 그걸 떠다 마당이나 화분에 심는다. 대부분 죽는다. 야생화 한 포기를 떠다 옮기는 일은 쉽지만, 그것이 자라던 곳

이끼와 유기물로 덮인 화강암반 위로 흐르는 좁다란 실개울은 그대로 길이 되었다. 사
람도 짐승도 이 길을 따라 다닌다.

의 온도와 습도, 햇빛의 양, 바람, 그리고 토양과 그 속의 미생물, 주변 동반 식물들을 옮기는 일은 그렇지 않다. 자연주의 정원가들에게 정원을 만든다는 것은 식물로 땅을 장식하는 행위를 넘어서 식물들과 거기 깃든 생물들의 서식처를 조성하는 일이다. 이 어려운 작업을 위해서도 자연 현장을 답사하고 생태를 조사하는 일은 필수적이다. 정원사의 역할은 개별 식물을 돌보는 데 국한되지 않고 식물 공동체plant community를 가꾸는 일로 확장된다. 이것이 창세기에 나오는 '경작'(창2:15)이다. 식물 공동체란 자연환경에서 관찰되는 식물들의 조합이다. 본래 서식지에서 식물들의 조합이 어떻게 구성되어 있는지 관찰하고 그걸 정원에 적용하는 일이다.

우리는 이제껏, 어쩌면 앞으로도 자주 생태 하천이나 수변 공원을 조성한다면서 잘 보존된 하천 생태계를 뒤엎어왔다. 우리는 개발과 보존이 충돌한다고 배워왔고 그 충돌 속에서 살아왔다. 마치 구원은 믿음의 문제인가 행위의 문제인가 따지는 것과 같은 논쟁 속에서 힘을 허비해왔다. 사람은 자연을 개발하지 않으면 살 수 없고 보존하지 않아도 살 수 없다. 개발과 보존이 통합된 개념은 없는 걸까?

나는 창세기에 나오는 경작이라는 단어를 그렇게 해석하고 싶다. 믿음의 의미에서 행위를 분리해낼 수 없듯이, 만물의 생육과 번성을 위한 다스림 속에서 개발과 보존을 분리할 수 없는 법이다. 개발인가 보존인가, 믿음인가 행위인가, 창조인가 진화인가, 화초인가 잡초인가 하는 이분법적 사고 속에서 우리는 더 창조적이면서도 과학적인 대안들을 탐색할 동기와 기회를 상실해왔다.

몇 해 전『뉴욕타임스』사옥의 중정 정원이 새로 꾸며졌다. 수피가 하얀 자작나무 그늘 아래 초록색 고사리와 사초莎草속 식물들을 심어놓았다. 꽃 한 송이 보이지 않는 소박하고 담백한 정원이지만 자연스럽고도 세련된 도심 속 정원으로 주목받았다. 어디서 영감을 얻었을까. 사실 자작나무 그늘에서 고사리와 사초가 섞여 자라는 모습은 북미의 숲에서 가장 흔한 경관 중 하나다. 소재의 평범성에도 맨해튼의 빌딩 숲 한가운데 복원해놓은 자작나무와 고사리 군락은 미학적으로나 기능적으로, 어쩌면 생태적으로도 꽤나 비범한 사례 중 하나일 것이다. 이처럼 창세기 속 창조 기사를 연구하는 일은 대단히 난해하지만, 우리 일상 속에 스며든 창조의 시그니처를 경험하는 일은 그렇지 않다. 다만 무뎌진 우리의 영적 감수성을 깨우는 일이 필요할 뿐이다. 내게는, 어쩌면 정원의 르네상스 시대를 살아가는 사람들에게 정원은 영성을 가꾸는 최적의 장소 중 하나다.

숲길을 걸으며 수많은 식물을 만난다. 이름을 아는 식물은 일부에 지나지 않는다. 과거에는 자연 상태에서 공동체를 이루며 자라던 식물 중 정원 식물로 가치가 있어 보이는 한두 가지가 선택되면 나머지는 잡초라고 불렸다. 예쁘지 않거나 그래서 쓸모가 없거나 지나치게 흔한 것들도 잡초로 불렸다. 농부도 농작물 이외의 식물을 잡초라 불렸고, 어부는 그런 물고기를 잡어라고 불렀다. 쓸모없고 성가신 존재들이다. 사람에게도 그런 말을 쓸까.

성경에는 잡족이라는 단어가 나온다. 이스라엘이 애굽에서 나오던 날, 수많은 다른 부족 사람들도 이스라엘 민족과 섞여 출애굽에 나섰는데, 한글 성경은 그들을 잡족이라 표현했다(출 12:28). 원어로는 '섞였다'라는 의미이지만 한글 번역이 지나치다고 느껴지지 않는다. 당시 신앙적 기준에서는 실제로 그렇게 여겨졌을 것이다. 선택받지 못한 민족, 이름 없는 사람들, 중요하지 않은 존재들을 잡스럽다고 표현하는 것은 현실과 분리된 교회가 일으켜온 문제들의 근원이다. 교회가 담을 높이고 세상과 단절된 상태로 살아온 시간만큼 그 문제들은 교회의 무거운 짐이 되었다.

성전의 원형은 자신이 만든 세계 안에 자신을 가둔 창조주의 임재다. 에덴이 그랬고 광야의 성막이 그랬다. 정원의 원형도 자연인데 사람들은 정원을 문명의 하부구조 아래 두었고 야생과 정원의 선을 분명하게 그었다. 그러나 생태계와 분리된 정원은 마치 현실과 분리된 종교 생활과도 같다. 종교와 일상의 간격을 더 벌어지게 하는 데 '세상적'이라는 용어가 큰 몫을 했다. 이 단어는 교회와 현장 사이에 높은 울타리가 되었다. 교회 밖 이웃들을 '세상 사람들'이라는 범주로 싸잡아 깎아내렸고, 교회 밖 상황들을 '세상일'이라며 정죄했다. 과거 정원의 세계에서 어떤 식물을 '잡초'라고 부를 때와 같은 본질의 문제이다. 언어는 인식을 제한한다. 잡초, 화초, 야생화 등 식물을 구분하던 전통적 범주들이 정원과 정원 식물에 대한 관점을 좁게 만들었다. 그러나 자연주의 정원이 흐름을 형성하면서 인식의 경계들이 무너지고 있다. 개별 식물에서 식물 공동체로 관점이 옮겨지기 시작했고, 나물, 약초, 또는 잡초의 범주에 갇혀있던 식물들이 정원 소재로 조명받기 시작했다. 예수께서 '잡족'들에게 문을 여신 것처럼, '잡초'들을 막았던 휘장이 찢어졌다.

식물과 조경에 대해 공부하면서부터, 어쩌면 자연 속에서 행복했던 유년 시절부터 좋은 교회와 좋은 정원을 찾는 순례의 여정이 시작된 것 같다. 두 갈래의 순례길이 때때로 교차하는 그 여정은 모험이었다. 스위스 의사이자 상담가인 폴 투르니에Paul Tournier의 『모험으로 사는 인생』에서는 그리스도인 삶

미국붉나무(*Rhus typhina*)가 뉴욕 하이라인의 해질녘 겨울 풍경을 드라마틱하게 만들고
있다. 이 나무는 고속도로 주변 절개지와 산자락에서 가장 흔하게 볼 수 있는 수종이이
며 새가 퍼뜨린 씨앗이 정원 곳곳에 싹을 틔워 그동안 성가신 잡목으로 취급을 받았다.

의 면면을 모험이라는 상징으로 표현했다. 모험의 본질은 창조의 결정 속에 담긴 신의 마음이었는지도 모른다. 나는 모험심이 어떠한 형식으로 표출되든 간에 그것이 신의 형상의 일부라 믿는다. 이직, 새로운 관계를 맺고자 하는 시도, 낯선 나라로 이주하는 것, 어려운 전공을 선택하는 것, 극한 스포츠에 입문하는 것, 그리고 오래 굳어진 인식의 틀을 허무는 것도 마찬가지다.

절벽으로 둘러싸인 고원 중앙의 호수가 눈앞에 펼쳐졌다. 완전한 성소이자 완전한 정원에 선 자신을 발견한다. 신발을 벗어야겠다. 좋은 정원이란 무엇인가, 좋은 교회란 무엇인가라는 두 가지 짐을, 불현듯 떠오른 야곱의 경외 어린 탄식 때문에, 여기서는 내려놓을 수밖에 없겠다.

"두렵도다 이 곳이여 이것은 다름 아닌 하나님의 집이요 이는 하늘의 문이로다" (창 28:17)

국립세종수목원 박원순 실장님, 전문정원사 김장훈 선생님,
오경아정원학교 오경아 선생님의 책들은 식물학 교과서가 전
달할 수 없는 우리나라 정원사들의 정서와 정신을 내게 심어줬
다. 정원사가 되어 세 분을 직접 만난 자리에서 나는 스스로를
박원순 꿈나무, 김장훈, 꿈나무, 오경아 꿈나무라고 소개했다.
좋은 책을 쓰시고 정원사 꿈나무를 키워주셔서 지면을 통해 감
사의 마음을 전한다.

독일 써드스페이스 환경아카데미 고정희 박사님은 우리나
라 정원가들의 큰 스승이다. '식물적용학' 수업을 통해 자연주
의 정원의 원조인 독일과 영국, 네덜란드 등지에서 백여 년간
축적된 지식과 경험을 우리나라의 정원가들에게 고스란히 전
달해 주셨다. 제주 베케를 설립하신 더가든 김봉찬 대표님은
나를 자연주의 정원가로 회심시킨 분이다. 식물과 정원 그리고
그들이 연출하는 경관을 묘사하는 대표님의 언어를 통해 나는

식물과 정원을 보는 새로운 눈을 얻었다. 김봉찬 대표님이 이끄는 숲정원 연구 모임을 소개한 정은하 선생님에게도 큰 빚을 졌다.

광주소명교회를 섬기시는 박대영 목사님은 연재할 때부터 이 글을 의미 있게 읽어 주시고 격려를 아끼지 않으셨다. 교회에 비판적인 글을 쓰면서 목사이신 독자들이 마음에 제일 걸렸는데 목사님의 격려는 마음의 짐을 덜어주셨다. 인터서브 조샘 선교사님은 기독교계에서 내가 아는 한 자연과 생태에 관한 가장 깊은 통찰의 소유자이다. 경영학자로서 숲의 원리를 조직이론에 적용하는 능력도 감동적이다. 이남정 목사님은 내가 한국에서 마지막으로 다녔던 작고 빛나고 '어수선한' 바람빛교회를 섬기신다. 한국에 방문할 때마다 '웰컴 홈'이라고 따뜻하게 맞아주시는 순간들이 지금도 그립다.

〈정원소감〉수강생 여러분들은 정원의 중요한 요소인 '사람'의 의미에 눈 뜨게 해 주셨다. 두 시간 넘는 강의를 견딘 것도 대단하지만, 수업 후에 나눈 대화들 속에는 정원에 대한 깊은 통찰들이 차고 넘쳤다. 이 수업을 함께 만든 이설아 선생님은 정원계의 샛별 같은 분이다. 뛰어난 감각과 열정으로 성장하는 공동체를 일구는 모습은 언제나 도전이 된다.

교회에 관한 나의 고민과 사랑이 관념에 머무는 대신 현실로 향하게 만드는 것은 올바니한인장로교회 동지들의 덕이다. 쉽지 않은 이민 생활의 따뜻한 동반자일 뿐 아니라 선교 사역의 든든한 동역자들이요, 애디론댁 산지의 이끼 덮인 바위와 가문비나무 습지로 날 끌고 가 준 고마운 친구들이다. 거기서 우리는 만물을 지으신 하나님을 예배한다.

사랑하는 아내 자현은 중요한 시기마다 담대한 결정으로 남편의 길을 열어주었고, 딸 주하, 아들 재현은 물고기와 식물을 향한 아빠의 집착을 감내해 준 고마운 가족이다. 속리산 계곡으로, 남도의 들녘으로, 인도네시아의 밀림으로, 코모도 도마뱀과 오랑우탄들의 섬으로 동행하며 예배한 시간은 이 글의 밑바탕이 되었다.

젊은 시절 내 신앙의 등대였던 『복음과 상황』의 소중한 지면을 내어주신 이범진 편집장님과 기자님들께 깊이 감사드린다. 길 위에서 그리고 산속에서 나를 만나 주신 하나님, 자연을 통해 계시하시고 자현을 통해 일하시는 하나님께 감사와 영광을 올려 드린다.

1) 구근식물 : 튤립, 양파, 다알리아 등 알뿌리 또는 덩어리 모양의 땅속 줄기를 갖는 식물의 총칭.

2) 고정희 〈식물적용학〉 강좌, 시즌 2 인물평전 8회차 Piet Oudolf 편.

3) 생츄어리(Sanctuary) : 보존 가치가 높은 동식물 또는 그 서식지를 보호하기 위한 구역으로, 개발이나 수렵 행위가 금지된다.

4) 미국에너지정보국(U.S. Energy Information Administration), 미국에너지부(U.S. Department of Energy)

5) 아교목(亞喬木)은 숲의 층위 구조에서 3~10미터 크기의 나무를 가리키는데, 개나리, 진달래 등 키작은 덤불나무을 가리키는 관목과 은행나무, 느티나무 등의 교목 중간에 위치한다.

6) 과거 영국식 저택의 진입로 입구에 지어진 주택으로 주로 관리인이 상주했다.

7) 크리스토퍼 스미스, 존 패티슨, 『슬로처치』(새물결플러스), p.231.

8) 〈National Garden Scheme Annual Report〉, 2023.

9) 잡초를 억제하거나 온습도를 유지하기 위해 흙 위를 덮는 자재를 뜻한다. 목재나 나무 껍질 등 식물성 재료를 잘게 부수어 만들거나 비닐을 이용하기도 한다.

10) 송화선, 〈우리가 슬픔을 기억하는 방식〉, 『주간동아』, 2016. 4. 18.

11) 톰 라이트, 『하나님과 팬데믹』(비아토르), p.58, 99.

12) 에드워드 사이드, 『권력과 지성인』(창), p.21, 117.

13) 앞의 책, p.36.

14) 벼과(Poacaea)와 사초과(Cyperaceae) 등 외떡잎식물을 통칭하는 말.

15) "창세로부터 그의 보이지 아니하는 것들 곧 그의 영원하신 능력과 신성이 그가 만드신 만물에 분명히 보여 알려졌나니 그러므로 그들이 핑계하지 못할지니라"(롬1:20)

16) "There are two books from whence I collect my divinity: besides that written one of God, another of his servant, nature, that universal and public manuscript that lies expansed unto the eyes of al"(Religio Medici I,16) Two Books 에서 재인용.

17) 자연적으로 조성된 소규모 초원 지대와 목초지로 사용하기 위해 인위적으로 조성된 초지를 통틀어 메도우(meadow)라고 부른다. 미국 중서부의 대평원 지역에 넓게 펼쳐진 초

원 지역을 의미하는 프레리(prairie)와 함께 미국의 전형적인 풍경을 이룬다.

18) 1920년 독일에서 시작된 기독교 생활공동체로서 현재는 한국, 미국을 비롯해 세계 여러 곳에 마을 공동체를 이루고 있다.

19) 서울 마포구 성미산 자락의 마을 공동체로 어린이집을 함께 운영하면서 시작되었고, 이후 성미산 개발을 저지하는 운동을 펼치며 마을의 정체성과 공동체성이 확고해졌다.

20) 환경, 경제, 사회문제의 해결을 위한 대안적 삶을 추구하는 사람들이 모여 사는 마을이다. 이 공동체의 설립을 주도한 리즈 워커의 책 『이타카 에코빌리지』(황소걸음)에 그 과정이 상세하게 기록되었다.

21) 인도네시아 발리 소재의 공동체주의 혁신학교로서 창의적 문제 해결 방법론(Design Thinking)을 기반으로 환경, 인권, 예술 등 다양한 분야를 주제로 수업이 진행된다.

22) 이강운, 〈0.45g 몸으로 8000km 이동⋯3세대 걸쳐 북미 왕복하는 제왕나비〉, 『한겨레신문』, 2021.12.31.

23) Frank Clark, 〈Nineteenth-Century Public Parks from 1830〉, Garden History, Summer, 1973.

24) 김정화, 〈영국의 포용적 도시재생을 위한 공원녹지 정책 사례 연구〉, 『한국조경학회지』, 2019, p.78~90.

25) 김승섭, 『아픔이 길이 되려면』(동아시아), p.7.

26) 피목(lenticel) : 껍질눈이라고도 부른다. 나무껍질에 점점이 흩어져 있거나 가로로 줄지어 있는 미세한 구멍이다. 나무의 호흡 기관으로 산소를 들이마시고 이산화탄소를 내보낸다. 피목은 수종마다 독특한 패턴을 보인다.

27) 프랙털 구조 : 1975년 프랑스 수학자 망델브로트가 제시한 개념으로 우주와 지구 만물의 형상들이 부분과 전체가 비슷한 모양과 얼개를 띠고 있으며 부분의 모양새가 끊임없이 반복되고 확대되어 전체 모양새를 이루는 자기 유사성이 끊임없이 반복·순환하는 시스템을 일컫는다.

28) 식물의 잎, 꽃, 과실이 계절에 맞게 줄기에서 떨어지도록 형성되는 특수한 세포층.

29) Busov, Victor B. "Plant Development: Dual Roles of Poplar SVL in Vegetative Bud Dormancy." Current Biology, vol. 29, no. 2, Elsevier Ltd, Jan. 2019, pp. R68 – R70, doi:10.1016/j.cub.2018.11.061.

30) Ladwig, Laura M, et al. "Beyond Arctic and Alpine: The Influence of Winter Climate on Temperate Ecosystems." Ecology, vol. 97, no. 2, Feb. 2016, pp. 372 – 82, doi:10.1890/15-0153.1.

31) Uelmen, Johnny A, et al. "Effects of Winter Temperatures, Spring Degree-Day Accumulation, and Insect Population Source on Phenological Synchrony Between Forest Tent Caterpillar and Host Trees." Forest Ecology and Management, vol. 362, no. C, Elsevier B.V, Feb. 2016, pp. 241 – 50, doi:10.1016/j.foreco.2015.11.045.

32) 엽흔 : 낙엽이 진 후 가지에 남은 잎자루가 붙어있던 흔적을 말한다. 원형부터 초승달까지, 심지어 원숭이 얼굴 등 수종마다 다양한 형태를 보이기 때문에 나무의 종류를 식별하는 중요한 단서가 된다.